先生のための
“ある”
という動詞の
Q&A
104

弘

右文書院

目次

Qの一部を取り上げて、手短に問意の方向性を示すこととしました。それほどに、各Qには多くの問題点が含まれている、ということです。

先生のための〝ある〟という動詞のQ&A104

Q1

現代日本語の動詞「ある」の、単独での基本的な用法の「ある」は、どのような状況のもとで、どのような事柄が認識されたときに用いているのでしょうか。「ある」を用いて表現するときの、必須の背景と対象とを認識させてください。

A1

最初の近代的国語辞典というと、大槻文彦《おおつきふみひこ》著『言海』（明治二十四（一八九一）年刊）ということになります。そこには、上代から近代までの語彙三万九千語が収録され、見出しを仮名書きにし、漢字表記・品詞・語釈が完備しています。そこで、その語釈を見てみると、当代語「ある」については「（動）有｜ありヲ見ヨ。」とあるだけで、古典語「あり」には「ル・レ・ラ・リ・レ（自動）（不規、四）有｜（一）無シノ反《ウラ》。存在ス。（二）居ル。止マル。「家ニー」「東ニー」在｜」とあるだけでした。

それが、現在では、大型国語辞典には、ブランチ数も、[一]として①から⑥まで以上、[二]（補助動詞）として①から⑤まで以上は設けるほどになっていましょう。そして、今や、紙の辞典を用いる人は限られて、コトバンクなどを検索する人のほうが多くなっていましょう。でも、現代を生きる個々人の認識はどうであるかというと、かつての時代の人々よりも希薄であるようにも思えてくるのです。

お待たせいたしました。お尋ねの現代日本語動詞の「ある」、多様な用法があります。まず、補助動詞といわれる用法の「ある」を切り離すことです。「…てある」の「ある」や、「…である」の「ある」は、単独での用法の「ある」ではない、ということです。お尋ねは、本動詞とか独立動詞とかいわれる、単独で基本的な用法の「ある」です。特殊ではない用法として、「机の上に本がある。」のような「ある」が、現代語としての基本的な、用法例と感じとれてくるでしょう。ここでの「本」のような物は、「机の上に」というような場所が背景にあって、始めて、その存在が意識されるようです。空間があって、そういう状況にあって、始めて、存在の対象が認識されるようです。
さて、その存在の対象は、「本」のように目に見える物だけでなく、「自由」とか「平和」のような目に見えない物である場合もあります。その場合、背景となる空間も「この国には」などとなりましょう。その状況は、情況のほうが相応《ふさわ》しいでしょうか。つまり、存在の対象には、具象物の場合も抽象物の場合もある、ということです。時間的な背景は、必須ではありません。多くが現在で、時には、過去でも未来でもよいことになります。ここで、気づきました。そこに存在する対象は、目に見える具象物であっても、人間や人間以外の動物も、そこには含まれない、ということでした。「若者がある。」とも「猿がある。」ともいえなかったからです。

ようやく「ある」の、単独での基本的な用法が見えてきました。「机の上に本がある。」「この国には自由がある。」などです。「ある」という動詞は、一定の空間を背景にして、そこから動き出すとは思えない状態で、そこに存在することをいう動詞である、ということになりましょう。実は、それは、本書を通読して、ようやくそこに到達するといってよい認識です。

このQ_1は、Q_1として、いちおう、A_1を述べました。でも、本書を通読、熟読したうえで、改めて各人で取り組んでみてほしいQです。「ある」という動詞の多様な用法を、基本的用法から遠い順に次々と削《そ》ぎ落《お》として、このA_1に到着するようにしてください。

Q2

「ある」には「いる」とも「おる」とも共通する意味が感じられますが、どういう点で共通する、といったらいいでしょうか。また、どういう点で、それぞれに違いがある、ということになりましょうか。

A2

「ある」「いる」「おる」という三動詞は、〈存在する〉という意味を表している点で共通する、といえます。それぞれに、主語と述語の関係が一回だけで成り立つ単文をつくって、それぞれの「ある」「いる」「おる」が〈存在する〉に言い換えられるかどうか、試してみてください。

その単文が、「本がある。」「人がいる。」「男がおる。」などですと、各文の「ある」「いる」「おる」とも、〈存在する〉に言い換えられましょう。ところが、「それは、本である。」「雨が降っている。」「そんなこと、わかっておる。」などのようにも用いられます。こうなると、これらの「ある」「いる」「おる」には、共通するものが、どうも見えてこないようです。単文としての構造が似ている「本がある。」「人がいる。」「男がおる。」の「ある」「いる」「おる」は、〈存在する〉という意味を表している点で共通している、ということになるようです。

そこで、次のお尋ね、「ある」「いる」「おる」には、どういう点で違いがあるのか、ですが、このお尋ねにも、一定の条件を付けて観察したほうがいいでしょう。そうでないと、きりがないほどに、その違いが見えてくること、さきほどの「…本である。」「…降っている。」「…わかっておる。」の「ある」「いる」「おる」からも明らかです。さきほどの「本がある。」「人がいる。」「男がおる。」の、文の構造の共通する、それこそ短文の「ある」「いる」「おる」で違いの発見に努めましょう。「が」という格助詞の上の名詞が限られるのは、「おる」です。「男がおる。」の「男」は、怪しげな男で、「男がある。」もそうですが、不倫の関係にある場合ということになりましょう。「女がおる。」でも、そうでしょう。でも、とにかく人間です。「男がいる。」との違いが感じとれたでしょうか。その「男がいる。」の「いる」は、「犬がいる。」とも「猫がいる。」とも表現できます。「ある」は、そうではありません。「山がある。」「住宅がある。」「筆記具がある。」など、空間に存在する物体がガ格の語句を構成しています。周辺の雑誌や新聞の記事を追っているうちに、「愛情がある。」「会議がある。」など、抽象的な物事の存在についてもいえていることに気づきましょう。ここで、「ある」「いる」「おる」の違いが、少し見えてきたようです。「ある」という存在のガ格語句、それは、存在の主体といったらいいでしょうが、人間や動物以外の、空間に存在する具体的な物体のすべてと、広く抽象的な物事とである、といえましょう。「いる」で表現される存在の主体は、人間か動物かです。「おる」の存在主体は、極めて限られた人間です。いや、ここで、「化け猫がおる。」が浮かんできました。「ある」のガ格語句には、「喜びがある。」「憎悪がある。」など、抽象概念といったらいいものが、次々と浮かんできたのではないでしょうか。

「ある」「いる」「おる」は、品詞という文法上の性質による分類では、動詞という品詞に属することになります。動詞は、多くが動作や作用を表しますが、これら三語は、存在を表していること、いま、確認できたところです。存在を表す点で共通する「ある」「いる」「おる」ですが、違いは、いろいろなところに見られます。ここでは、そのうちの、存在の主体の違いについてだけ、それぞれの具体的な用例を引いて確認してきました。この要領でお尋ねが続くことを期待しております。

Q3

現代語「ある」と「いる」「おる」とは、古典語の時代から存在を表していたのでしょうか。そうではないと感じているのですが、どう認識したらよいのでしょうか。表記や活用の変化も含めて、おおまかに、それぞれの推移を認識させてください。

A3

「ある」という動詞は、古典語のラ行変格活用の「あり」の時代から、もっぱら存在を表す動詞でした。活用は、後世、終止形が「ある」となって、ラ行五段活用になった、と認識するだけで十分でしょう。自動詞〈存在する〉に言い換えて観察を重ねると、存在を表すということは継続を表すことでもあると見えてきます。上代にまで遡っても、人間や動物をも含めて万象が継続して存在することが認識できたとき、その「あり」を用いて表現していたことが見えてきました。その後、中世末から長い時間をかけて、人間や動物については、古典語段階のワ行上一段活用動詞「ゐる」に担わせることになっていきました。

その「ゐる」は、本来は、〈すわる〉意の動作動詞でした。「立《た》つ」に対して用いる「居《ゐ》る」でした。その「立つ」は、〈立ち上がる〉動作を表します。「居る」は、早くから、〈とまって動かない〉意も担っていました。それは、静止を捉えていることにもなり、継続して存在することと重なることになったようです。その「ゐる」が連用形「ゐ」に存続の助動詞「たり」を添えて多くの用例を見せるようになり、気づくと、そのガ格主体は、人間と動物とでした。そこに「あり」を見ることはなくなっていきます。このようにして、動作動詞「ゐる」は、いつか、存在動詞「ゐる」となっていったのです。第二次大戦後の昭和二十一年、現代仮名遣いの制定によって、「ゐる」は「いる」に書き改められました。

本来の「ゐる」、それは〈座る〉意の「ゐる」ですが、その「ゐる」の連用形「ゐ」は、早く上代から「あり」と結びついて、「をり」となっていました。そこには、「ゐあり」という過程が想定されます。その「ゐあり」は、複合動詞と見てよいもので、それが融合して、「をり」というラ行変格活用動詞となりました。漢字表記すると、「居《ゐ》る」の連用形「居」に「あり」が付いた「居あり」が「をり」になったのですから、その「をり」は「居《を》り」と表記されもするのです。〈すわって、そこにいる〉意であるところから、中古には、謙譲語性の見える表現ともなっているようです。その後も、微妙な用例を見せて、現代語としては、方言としても注目しなければならない用例を見せるようです。この「をり」も、「あり」が「ある」となったように、「をる」となっていきます。そして、現代仮名遣いとして「おる」になりました。

「ある」も「いる」も「おる」も、相互に関連をもって変化を見せ、結果として、現在、いずれもが〈存在する〉意として用いられています。もちろん、それぞれに違いが認められます。さらに、「ある」については、そこから生まれた多くの単語が私どもの身辺にたくさんあります。「いる」には、その前身の「ゐる」から生まれた単語や慣用句もあります。「おる」には、そういうものが見られません。しかし、微妙な用法の用例を見せます。

現代語「ある」「いる」「おる」は、古典語も古典語の上代語の時代から「あり」「ゐる」「をり」として存在していました。微妙に違いを見せながら、いま、現代語としては、〈存在する〉意を表す点で共通しています。古典語「あり」「ゐる」「をり」については、各用例とも、時代を確認して、読み分けていきたいと思います。

Q4

古典語としての言い切りの形、つまり終止形が「あり」であったラ行変格活用動詞の「あり」が、現代語では「ある」となってしまうのは、どうしてですか。「をり」が「おる」になってしまうのも、どうしてですか。

A4

倉庫にどのくらい商品が残っているかなどの、いわゆる在庫調査の際などに、そのメモとして、「あり」とか「なし」とか記載していたりするのをご覧になったことなど、ないでしょうか。古典語の時代の終止形「あり」が現代に生き残っていたことになります。そうなのに、一般には、その終止形が「ある」となっているのは、どうしたのでしょうか、どうしてそうなったのでしょうか。

ここでも、また、おおまかに説明いたします。日本語の動詞は、上代といわれる時代と中古といわれる時代とを経て、中世といわれる時代の後半から、二段活用する上二段活用と下二段活用との動詞群が一段化していきました。「落ちる」という動詞は、いまは上一段活用ですが、古典語としては上二段活用でした。終止形は「落つ」、連体形は「落つる」でした。それが、上一段活用と同じになったので、終止形も連体形も「落ちる」となってしまいました。下二段活用の「受く」も、現代語では、下一段活用の「受ける」となってしまいました。終止形も連体形も、「受ける」です。二段活用は該当する単語数が多かったものですから、その影響は大きかったと見てよいでしょう。

活用の種類を異にする他の動詞にも、終止形と連体形とが同形になる傾向が見られるようになっていきます。古典語四段活用は、もともと、終止・連体が同形でしたから、直接、その影響を受けたのは、カ行変格活用の「来《く》」とサ行変格活用の「す」とでした。古典語「来」が現代語としての終止形を「来る」とするようになったり、古典語「す」が現代語としての終止形を「する」とするようになったりするのは、いずれも、連体形という活用形が終止形ともなっていったからです。ナ行変格活用の「死ぬ」は、未然・連用・終止・命令の各活用形がもともと四段活用と同形でしたから、古典語としての四段活用、現代語としての五段活用に引かれていきました。連体・已然形が二段活用と通うところのあるナ行変格活用動詞「死ぬ」「往《い》ぬ」でしたが、ここで、一段活用化した二段活用と訣別することになりました。さて、残るは、「あり」「をり」のラ行変格活用です。終止形以外は、古くからラ行四段活用と同じでした。そこで、終止形に、連体形「ある」「をる」を用いることで、完全なラ行四段活用となり、現代語ラ行五段活用となったのでした。

明治という近代を迎えて、当代の現代語をどう認識していくかは、けっこう大変なことだったようです。国語調査委員会編集の『口語法別記全』（株式会社国定教科書販売所・大正六年）を見ると、その事情が少し見えてきます。室町時代から江戸時代にかけての、終止形として用いられた「ある」の用例をわざわざ引いているのです。室町時代の幸若舞《こうわかまい》の詞章に見る用例、抄物《しょうもの》に見る用例、『閑吟集』に見る用例、さらには、『運歩色葉』とか『節用集』とかいう辞書に載る用例などです。わざわざ、ここに終止形「ある」が見られた、と紹介しています。つまり、これは、一般には、「あり」が強かった、ということのようです。「をる」については、触れられていませんでした。徐々に「ある」に倣うことになったのでしょう。

Q5

「ある」という動詞は、辞典には「有る・在る」という漢字表記が紹介されているのに、実際の文章では、全部ひらがなで書かれています。気づいたら、自分も「有る」を知っているのに、すべて「ある」と書いていました。どうしてでしょうか。

A5

漢字で書くか、ひらがなで書くか、などについては、漠然と慣行に従っているといっていいでしょう。本来が漢語の名詞やサ変動詞「する」の漢語・漢字の語幹や形容動詞の漢語の語幹は、漢字で書くのが、漠然とした慣行で、しかも、原則でしょう。和語でも、名詞は相応に当てる漢字が決まっています。動詞は、多くが語幹は漢字、語尾はひらがなです。「行く」「来る」「学ぶ」「習う」などです。

右の慣行に従うと、「有る」と書いたり、「在る」と書いたりするのが当然と思えるのに、おっしゃるとおり、そのほとんどすべてが「ある」と書かれています。さて、いま、表記について問題にしているので、単にその動詞をいうときには、「アル」と書くことにします。その「アル」を、漢字・ひらがな表記する代表例を挙げてみます。「机上に私の眼鏡が有る。」などだったら、ちょっと古い文章には見ることがあったでしょう。「東大寺は奈良に在る。」だったら、いまでも、時に見ることがあるでしょう。しかし、現在の一般的な新聞・雑誌、さらには中学校・高等学校の教科書類には、そういう表記を見ることはないでしょう。

「アル」には、補助動詞と呼ばれる用法の用例があって、「私は、教師である。」などが、それに当たります。そのような「アル」は、補助動詞という文法上の性質から、ひらがな書きが定着して、それが原則となっています。「美しくはありません。」や「静かでもありません。」の「あり(→ある)」も、補動詞の用例です。補助動詞は、動詞「行く」が、「空が明るくなっていく。」などが当たります。動詞「来る」も、「食材を買い求めてくる。」となると、補助動詞ということになります。

「アル」は、補助動詞用法のものだけでなく、本来の動詞も、その意味する内容が目に見えてくるものではありません。動詞であっても、動作や行為を意味するものではありません。概念の希薄な動詞である、といっていいでしょう。その点で、「スル」という動詞も、「為る」という漢字・ひらがな表記を辞典は載せているのに、近年の実際の文章を見たとき、「スル」のすべてが「する」と書かれている、といっていいでしょう。「スル」のすべてが「する」と書かれるだけではありません。「イウ」を「言う」とするのは、声が感じとれたときだけと思ってもいいでしょう。多くが「いう」となってきています。「ミル」も、「見る」は目に見えたときだけで、「みる」とする表記が多くなりました。古い世代は、「見てみる。」以外、「見る」を用いました。

今回のお尋ね、近年の表記には、各単語の文法的機能の違いを表記の力を借りて表そうとしているものといえましょう。概念の希薄な動詞や補助動詞などは、助動詞や助詞同様、ひらがな書きすることで、主として文法的機能を担う、いわゆる形式語として認識させようとしている、といっていいでしょう。殊に動詞の、このような表記の別は、微妙な意味の違いを示そうとしているものと受けとめたいと思います。

Q6

「昔、男ありけり。」（伊勢物語）の「ありけり」は、どう現代語訳するのが適切でしょうか。また、「ありけり」の「あり」と、その訳語との間には、どのような変遷の跡が辿《たど》れるのでしょうか。

A6

「昔、男ありけり。」の「ありけり」は、〈いたということだ〉と現代語訳するのが、最も望ましいでしょう。古典語の「ありけり」を取り上げるのに、最も短い本文で紹介できるところから、『伊勢物語』の第二段から借用しました。実は、第三段の第一文もそうで、同趣の表現は、中古の仮名物語のどこからも引けるでしょう。『竹取物語』も、「今は昔、竹取の翁《おきな》といふ者ありけり。」が第一文です。「ありけり」は、主人公や、それに準じた人物を紹介する定型的表現になっていたと思います。

ここで、お尋ねにないことに、ちょっと触れさせていただきます。「ありけり」の「けり」です。同じ過去でも、直接経験を表す「き」とは大きく異なり、間接経験をいう助動詞が「けり」です。「き」に「あり」が付いて「けり」になった、と見られているところからも、そう思えてきます。その「けり」は、過去であることに気づいた意味も表すことになりました。気づきの過去です。さらに、伝え聞いた過去を表すようにもなっていました。この「ありけり」の「けり」は、その伝聞の過去を表していると理解してよいようです。そこで、「ありけり」を〈いたということだ〉と現代語訳したのです。

そこで、「あり」の訳語は、〈い〉ということになります。「いる」の連用形の「い」です。次のお尋ねの一部にお答えしたことになります。「ありけり」の「あり」の訳語は、「い（←いる）」ということになりました。お尋ねは、「ありけり」の「あり」と「いる」の「い」との間に、どのような変遷の跡が辿れるか、ということでした。古典語動詞「あり」が現代語動詞「いる」に言い換えられるとは、どういうことなのでしょうか。

古典語の時代、男がいたということだ、ということを、「男ありけり。」と表現していました。その「あり」の終止形「あり」は、男がそこに「いる」意を表すことができていました。しかし、現代語の「ある」は、男がそこに「いる」意を表すことはできません。現代語の「ある」は、その前身である古典語の「あり」が有していた意味を失ったことになります。

一方、現代語の「いる」は、古典語の時代には「ゐる」と表記され、主として〈すわる〉意を担っていました。男がそこにいるという、その「いる」意を表すことはできませんでした。現代語の「いる」は人間がそこに存在することを表すことができますが、その「いる」の前身の「ゐる」は、そのような意味を有していませんでした。

以上が、「ありけり」の「あり」と、その訳語「い（↓いる）」との間に見られる両語の変遷のあらましです。いま一つのお尋ねのお答えです。ここで認識したいのは、物事の変遷は、幾つもの事柄が何層にも関係しあって変遷するのだ、ということです。いま、「あり」から「ある」へという変遷のなかに、存在の主体がどう変わったかという変遷と、〈すわる〉意を表していた「ゐる」から、人間の存在をいう「いる」へと変わった、その変遷とが、人間主体の存在表現として交替した、その交替劇が見えてきたでしょうか。

Q7

古典語では、人間の存在を「あり」で表現したようですが、人間以外の動物の場合は、どうだったのでしょうか。どういう作品のどこに見られるか、出典を明示して、認識させてください。

A7

古代の日本人の意識としては、存在する有機物・無機物とも、具象的な有機物・無機物はもちろん、抽象的な物象までも、すべて「あり」で表現していたと見てよいでしょう。以上は、お尋ねを受けて、お答えに先立って申し上げておかなければならないと思った事柄です。

さて、お尋ねの、人間以外の動物も、その存在を「あり」で表現していたかどうかということですが、おっしゃるとおり、すべて「あり」で表現していました。存在を「いる」、いや、「ゐる」で表現していた用例を見ることはできません。ただ、人間以外の動物について、「男ありけり。」によって、文章の冒頭で紹介するように、紹介されるようなことは希でしょうので、出会う用例は限られます。したがって、「一匹の猫、ありけり。」とか「一頭の牛、ありけり。」とかいうような用例に出会った記憶はありません。あるいは、僅かは存在するのかもしれませんが、文章の冒頭でではないでしょう。そういうところから、出典を明示して認識させてほしいとおっしゃっているのでしょう。

『古事記』のなかで、大国主命《おおくにぬしのみこと》が、稲葉《いなば》の素菟《しろうさぎ》の話の後、赤い猪《いのしし》に焼き殺される話が出て来ます。そこに該当用例のあったことが思い出されました。八十神《やそがみ》が大国主命を殺そうと思って、「赤き猪《ゐ》、此の山に在《あ》り。…汝《なんぢ》、待ち取れ。」と言ったところがあります。「猪《ゐ》、あり。」です。もちろん、現代語としては、〈猪《いのしし》がいる。〉です。人間以外の動物としての獣類の猪がその山にいることを、確かに「あり」で表現しています。

その後の、中古の仮名物語などにも見られるのかもしれませんが、出会えた記憶がありません。いま一作品、そこにあることを確かに記憶しているのは、『今昔物語集』です。「…、車ノ輪ノ跡ノ窪ミタル所ニ大キナル鮒《フナ》一有リ。」（10ー一一）と「…、沢ノ中ニ、一ノ鷺《サギ》有リテ、…。」（10ー一三）とです。ここは、『荘子《そうじ》』という、あの老荘思想の荘子《そうし》の書物『荘子《そうじ》』から引いた話が載っているところで、動物の話を教訓にした、いわゆる寓話の部分です。「鮒」という魚類、「鷺」という鳥類ということになります。そこを現代語に言い換えると、〈鮒がいる。〉とか〈鷺がいる。〉とかいうことになります。それらが、「有り」で表現されていました。

以上、獣類・魚類・鳥類の存在を「あり」で表現している用例を確認してきました。それら「あり」の部分は、現代語に言い換えると、誰しもが〈いる〉と言い換えるでしょう。そこで、日本語の歴史のうえで、いつごろから「ゐる」に転じたのか、どうして転じたのか、そういうことが知りたくなってくると思います。ある時代までの日本人は、存在する主体については、動物も植物も鉱物も、抽象概念もすべて、区別することなく、存在する物として受けとめていたことになるのでしょうか。人間や、その他の動物の存在を「あり」で表現しなくなるのは、どうしてなのでしょうか。それは、動くことがあるからだと思っていますが、いかがでしょう。ご認識いただけたでしょうか。

Q8

古典語の「あり」のうち、その存在の主体が人間やその他の動物であるとき、現代語では「いる」になることは理解できましたが、その「いる」が、人間や人間以外の動物の存在を、どうして意味するようになったのでしょうか。

A8

このお尋ねは、本書の一〇四のお尋ねのうち、最も難しいお尋ねです。中古に位置づけられる平安時代の物語に見る「…ありけり。」を〈…いたということだ。〉と現代語訳する学習は、中学校・高等学校の国語科の学習で繰り返されてきましたし、繰り返されています。でも、「いる」が、どうしてそういう意味を担うようになったかについて触れられることは、まずないでしょう。中世というように時代区分される鎌倉・室町時代から、近世と呼ばれる江戸時代までの、どのあたりかで、それまでの「ゐる」に何らかの事情が生じて、人間やその他の動物を含めて、その存在を表現する傾向を見せ、やがて、それが一般の表現となったのでしょう。あるいは、誰しもが、そう感じることになったのではないでしょうか。そして、それは、お答えの一部ということでもある、といえましょう。

そもそも、その「いる」は、古典語の時代は、原則的な表記は、「ゐる」でした。その「ゐる」は、人間が〈座る〉〈しゃがむ〉意を基本語義として、人間以外の動物が〈じっとしている〉意味や、人間がある場所に〈住みつく〉意味なども担っていました。自然についても、霞《かすみ》や雲が〈かかっている〉意味を表していました。そうでした、船が〈碇泊《ていはく》している〉意味を表している用例もありました。座るとか、しゃがむとか、動作を表していますが、それが静止に繋《つな》がるということで、その結果として、「…ている」を添えた訳語となってしまうのでしょう。

『万葉集』歌には、「天《あま》そそり高き立山《たてやま》…立ちてゐて見れども異《あや》し…」（17四〇〇三）に見るように、〈立ったり座ったりして〉見ても神秘的だ、と詠まれています。それが、中古には、「水は、さながらありけり。上に、塵《ちり》ゐてあり。」（蜻蛉《かげろう》日記）という用例を見ます。夫の兼家が以前使った水は、そのままあった、その上に、埃《ほこり》がかかっていた、というのです。そして、中世を迎えるに先立って、「此《こ》ノ尼《あま》…念仏《ねんぶつ》ヲ唱《とな》ヘテ居《ゐ》タル程ニ、」（今昔物語集・15四一）などの用例を見ることになります。そこに見た「てあり」や「たる」は、存在継続の意味を添えていることになりましょう。

その一方で、「ゐる」は、複合動詞の後項に位置して、「こもりゐる」「まもりゐる」などの用例を見せます。静止して継続する状況が読みとれ、存在といってもいいでしょう。「夜中の過ぐるまで「〈女ヲ〉まもりゐたれども、」（宇治拾遺物語・4五）となると、もう「ゐたり」が、「ゐ」と「たり」とに切り離せなくなっているように感じられます。石橋を踏み返して蛇を助けた女の話のなかで、その女を泊めた家の女主人が、蛇を助けた女を灯火で見ているところです。

そのように「ゐたり」が定着して、「ゐる」がもっぱら存在を表すようになって、「ゐる」だけでも存在を表すようになった、と理解したらよいでしょう。「コノブンデ、ミヤコニイ《ママ》マラスルナラバ、」（天草本平家物語・2一）などが、その用例です。そこでの発音は、yと捉えられていました。昭和二十一年までは、「ゐる」と書いていた「ゐ」です。以上、人間や、広く動物の存在をいう「あり」が〈いる〉になる事情について述べました。

Q9

子どものころ、祖父の友人の老人が「昔々、お爺《じい》さんとお婆《ばあ》さんがあったとさ。」と語ってくれたと記憶していますが、さきごろ、孫から「おったとさ、だよ。」と言われました。どちらが正しいのでしょうか。

A9

それぞれ、どの地方の昔話としてお聞きになったのでしょうか。このお尋ね、そのことが関係している事柄で、どちらが正しいとか正しくないとかいう関係ではないでしょう。そして、同じ地方の昔話として語られても、古い段階のものは、「あったとさ」であったろう、と見てよいでしょう。現在、その地方の人間の存在をいう表現が、「いる」であったとしても「おる」であったとしても、本来は、あの『竹取物語』などに見る「…ありけり。」が変化を重ねて、それぞれの地方のちょっと古い時代の方言となっているであろうと思えるからです。

ここのところ、それら昔話が活字化された書籍として山田貢著『越後の昔話あったとさ』(文化出版局・昭和五十二(一九七七)年)が知られています。その昔話のすべての語り出しは、書名のとおり「あったとさ」で始まり、そのうちの幾つかは「あるところにお爺さんとお婆さんとがあったとさ。」と続いていました。しかし、「…働きもののごく気の小さい男が住んでいたとさ。」「…お爺さんと娘の子三人で仲よく暮らしておったとさ。」などともありました。ただ、単なる人間存在をいう「おったとさ」は見られませんでした。

ところが、ネット検索すると、「民話の部屋」とあって、毎週新しい昔話が各地から送られてきていました。岐阜県から和歌山県から、そして、ちょっと前に、岩手県からのものが載っていました。その中部地方の岐阜県のものは、「むかし、あるところに和尚《おしょう》さんと小僧がおったと。」とあったのです。近畿の和歌山県のものにも、「むかし、和歌山県の里野というところに磯女《いそおんな》というものがおったそうな。」とありました。でも、岩手県の話には、「昔、岩手県の六角牛山のふもとに百姓をしている惣助《そうすけ》という男があったと。」とあって、「おった」ではありませんでした。これは、どうも、現在、人間の存在をいうのに「いる」を用いる東日本は、古い「ある」を残しており、「おる」を用いる西日本では、その「おる」に引かれてしまっているのか、と思えてもきました。

ただ、既にそう述べてきているように、本来は、すべて「あったとさ」であったろうと思っていいでしょう。本来が、「…ありけり。」などであったろうと思えるからです。その「…ありけり。」が、伝承される背景に十分に見えてくるからです。そして、その「…ありけり。」の「けり」には、伝承回想の意が長く広く定着していて、同じ過去を回想する助動詞でも、直接体験した過去を回想していう「き」に対応する助動詞でした。そのように、伝聞の意を「けり」から読みとった結果、「と」を添えたり、「そうな」を添えたり、「とさ」を付け加えたりしてきているのでしょう。

「とさ」の「と」は、引用の格助詞で、それだけでも、「いう」とか「いうことだ」が感じとれます。そこで、「と」だけで言い切られることともなるのでしょう。その「と」に付け加えた「さ」は、漠然と、間投助詞という語調を調える助詞とされているようですが、いかがでしょうか。とにかく、「とさ」で、伝聞の表現を構成しています。

Q10

いま、一般に、人間が存在することを意味する動詞は、「いる」です。その「いる」に相当する動詞として、西日本では「おる」を用います。ところで、その人間の存在を「ある」で表現する地域は、まだあるのでしょうか。

A10

現代日本語の共通語として、人間が存在することを意味する動詞は「いる」といってよいであろうと思っていますが、そう思ってよろしいでしょうか。外国人留学生が最も悩むところのようです。少なくとも、書きことばに限るなら、「いる」でしょう。

さて、お尋ねは、そもそも、日本語の古典語に見る人間の存在をいう動詞が「あり」であったところから、その人間の存在を「ある」で表現する地域は現在もあるのか、というお尋ねになったのでしょうか。日本全国に共通語がこれほどに行きわたっている現在、そういう地域が残ることは、極めて困難なことといっていいでしょう。五十年以上前、いや、七十年ほど前の調査結果によると、八丈町・三重県南牟《む》婁《ろ》郡・奈良県吉野郡・和歌山県東牟婁郡には、存在したと確認されています。東条操著『全国方言辞典』（東京堂・昭和二十六（一九五一）年）には、その「ある」について、「居るの意味にも使う。」として、上記の地域名が挙げてありました。

それから三十一年後に刊行された平山輝男編著『全国方言辞典(2)―人体語彙の部分体系』（角川書店・昭和五十七（一九八二）年）で確認したところ、なお、その「いる」意味で用いた「ある」を使いつづけている地域が残っていたのです。

いま、もう、それから四十年が経過しています。方言を残すことは、いっそう困難となっています。あるいは、その地域の高齢者が、高齢者どうしで話しあうような場が設けられない限り、使うことはな

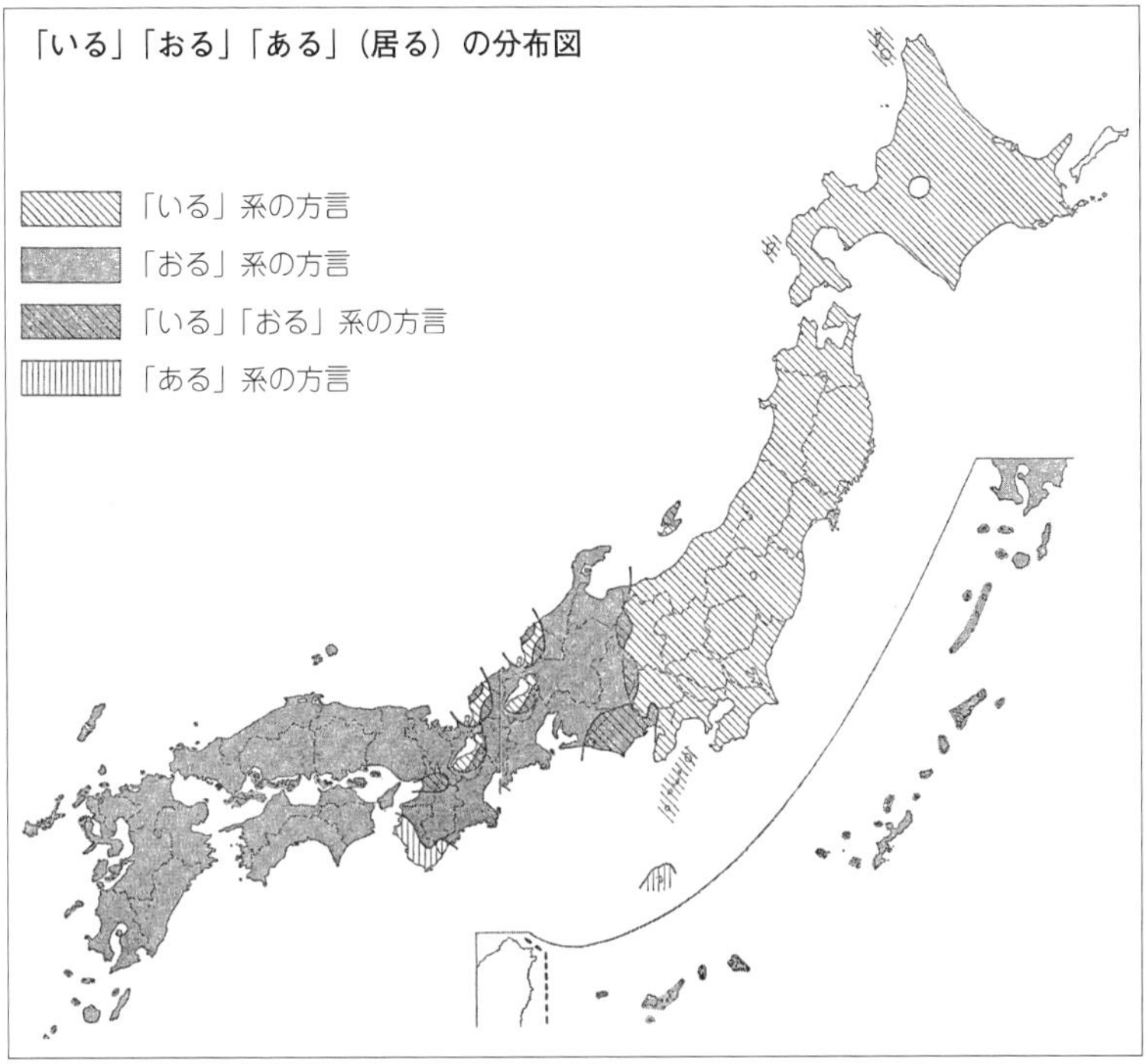

（上記地図は、平山輝男編著
『全国方言辞典【2】―人体語彙の部分体系』からお借りしました。）

くなってしまっているかもしれません。ただ、この二書の資料からだけでも、表現が僅かずつ推移していくことが見えてきましょう。とにかく、あの、『竹取物語』などに見る「…竹取の翁といふ者ありけり。」の「ありけり」などと同じように、人間の存在をいう「ある」が残っていた、ということは、驚きです。

Q11

動詞「ある」には、本動詞の、存在を表す用法にも幾つかのブランチが設けられましょうが、補助動詞と呼ばれる用法についても、幾つかの補助のあり方の違いなどがあるようです。その違いは、どのように認識するのが適切でしょうか。

A11

動詞には、その一語だけでいろいろな機能が担えるものと、文節と呼ばれる単位の他の語句を補助するためだけに存在するものとがあります。前者を、一般に本動詞と呼んだりしていますが、独立動詞と呼んだほうが、補助に対する関係をいうものとして適切だともいえましょう。それはそれとして、後者は、補助動詞ということになります。上の文節と一体となって、一定の機能を担うことになります。三種類ある、と認識するのが適切でしょう。A・B・C、としましょう。

Aは、「…である」の「ある」です。その「で」は、断定の助動詞「だ」の連用形です。「私は教師である。」の「である」の「ある」です。「教師で」という文節に、この「ある」が付いて、その「教師である」が「私は」という主語の述語となることができます。そのように、「教師で」という被補助語文節を、この「ある」が補助しているので、その「ある」は補助語文節であり、補助動詞ということになるわけです。

ただ、さきほど、「…である」の「で」を、直ちに断定の助動詞「だ」の連用形といってしまったのは、現代語だけを取り扱う場合の説明であって、歴史的に見ようとするうえからは、不適切な説明でした。なぜかというと、その「…である」が、近世の初めごろにもあって、その「である」が「であ」となり、「ぢゃ」となり、「だ」となったものだからです。ここでは、その近世の初めごろの「…である」の「で」は、「だ」の連用形とするのは当たらない、とだけいっておくことにしましょう。

次に、Bの補助動詞「ある」を紹介します。「美しくありません。」の「あり」や、「穏やかであった。」の「あっ」などの「ある」です。「美しく」は形容詞の連用形、「穏やかで」は形容動詞の連用形です。このように、形容詞・形容動詞の連用形に付く「ある」で、その形容詞や形容動詞を助動詞「ませ（↓ます）」や「た」に連ねるための「ある」といっていいようです。Aの「ある」もBの「ある」も、古典語時代の補助活用と呼ばれる活用と関係して成立したのですが、ここでの説明は、ここまでとしておきましょう。

Cとしての、補助動詞「ある」は、接続助詞といわれる「て」の下に直接する点で、前二者と大きく異なります。その「て」の上には動詞の連用形があって、その動詞の連用形が「て」を伴った文節を補助する動詞の「ある」、ということになります。「戸が開けてある。」などの「ある」です。「開けて」という被補助語文節を、この「ある」という補助語文節が補助して、その「開けてある」が、一般には主語といわれる「戸が」の述語として機能しています。この、動詞の連用形が接続助詞「て」を伴った文節には、「ある」だけでなく、「いる」や「おる」も、補助動詞として付くのです。そこには微妙な違いがあるのですが、ここでは、ここまでとしておきます。

補助動詞「ある」には、以上の、A・B・Cの三種類があります。それぞれの「ある」の上にある被補助語文節を補助するので、補助動詞というのだ、と受けとめてください。

Q12

「ヒトハ、バンブツノレイチャウデアルゾ。」（天草本伊曾保物語）の「である」の「で」は、どのように理解したらよいでしょうか。『吾輩は猫である』の「である」の「で」は、どう理解したらよいでしょうか。それぞれの「ある」は、どう解せますか。

A12

まず、お示しの用例の、その資料から説明してまいりましょう。天草本というのは、天草で印刷されたキリシタン版のローマ字活字本です。この『伊曾保物語』のほかに、A8に引いた『平家物語』、また、『金句集』があります。お示しのものは、カタカナに翻字したものですが、漢字、ひらがな交じりの「人は万物の霊長であるぞ。」と表記してもいいでしょう。一五九三（文禄二）年刊です。そのころも、「…である」が用いられていたのです。

ただ、その「…である」の「で」は、まだ断定の助動詞「だ」が成立していないころの「で」だったのです。その「で」は、断定の助動詞「なり」の連用形「に」に接続助詞「て」が付いた「にて」が、「で」に変化したものとしか見られません。断定の助動詞「なり」に接続助詞「て」が介在した「にてあり」が、連体形で言い切られて「にてある」となり、「にて」の「に」が撥音化し、「て」が連濁して「である」となったものといえましょう。その「である」が、「凡人よりも重罪に附せうずることであっ」（同じ天草本伊曾保物語）となっていたりもするのです。語末の「る」が聞きとれない発音となっていたのでしょう。その「であ」が、やがて「ぢゃ」となります。さらに、どう変化するかも見えてくるでしょう。

抄物《しょうもの》という、室町時代の、漢籍を講釈した注釈書があります。そこに、「父母死デ三年ノ喪ハ通義ヂャゾ。」（史記抄）という用例が見られます。一六八三年以前に成立したと見られる東国方言の兵法書に「なまくらものでは切れぬものだ。」（雑兵《ぞうひょう》物語）とも見られました。断定の助動詞「だ」となっていたのです。

夏目漱石の『吾輩は猫である』の「である」は、天草本『伊曾保物語』に見られた「である」とは、別の表現と見なければならないでしょう。この現代語の「である」は、断定の助動詞「だ」が成立してから登場したもので、こちらは、断定の助動詞「だ」の連用形「で」に、言い切りを示すために「ある」の終止形を添えたものでしょう。天草本のころの「である」の「で」が、断定の助動詞「なり」の連用形「に」に「て」が付いた「にて」が変化したものであるのに対して、現代語の「である」の「で」は、既に断定の助動詞「だ」が成立しているので、現代語としての断定の助動詞「だ」の連用形の「で」と見ることができます。それぞれの「ある」については、成立の事情は異なりますが、ともに上の文節を補助している補助動詞という点では共通します。

現代語「である」がどのようにして頻用されるようになったかとか、天草本のころの「である」がどれほどに影響したかなどとかについては、研究書によって見方が異なります。そうではあっても、明治以後、言文一致の盛行、国定教科書における口語文の採用などによって普及一般化していったことについては、十分に確認されていますし、何よりも確かな資料が残っています。

その後、「である」の「で」と「ある」との間に、係助詞の「は」や「も」を挟む表現も現れます。また、形容動詞の「静かだ」などが「静かである」ともいえるようになりました。

Q13

接続助詞「て」に補助動詞「ある」が付いた「てある」は、「て」に補助動詞「いる」が付いた「ている」と、どういう点で共通し、どういう点で異なるのでしょうか。いろいろ、分類のしかたに説の違いがあるのでしょうか。

A13

「てある」のほうが、用法も用例も多いので、「ている」と「てある」との異同として、国語辞典も日本語事典も、日本語教育のどの本を見ても、この問題を取り扱っています。そして、詳細な解説の施されているものもあります。そこで、分類のしかたに説の違いがあるのかというお尋ねがあるように、多様な解説の姿勢があるといっていいでしょうが、分類のしかたに説の違いがある、というような問題ではないでしょう。いま、おおまかに前者の共通するところを捉えてみると、どちらも継続している状態を述べている点で共通している、と感じとれましょうか。以下、それぞれの構文の特徴と担っている機能などについて、整理を試みます。

A「てある」

a―「…が…てある」という構文／動作・作用の結果が継続している意を表す。

○窓が開けてある。（「開け」は、カ行下一段活用の他動詞）

○風景画が掛けてある。（「掛け」も、カ行下一段活用の他動詞）

b―「…を…てある」という構文／動作・作用の結果がその時点まで継続している意を表す。

○しばらく窓を開けてある。（「開け」は既出で、他動詞）

○表に車を待たせてある。（「待たせ」は、一語の他動詞に相当）

B「ている」

c―「…が…ている」という構文／動作・作用の結果が継続している意を表す。

○ずっと窓が開いている。（「開い」は、カ行五段活用の自動詞）

○ドアが開け放たれている。（「開け放たれ」は、一語の自動詞に相当）

d―「…を…ている」という構文／動作・作用を、いま、継続して行っている意を表す。

○私は、いま窓を開けている。（「開け」は、他動詞）

○彼が、申請書類を作成している。（「作成し」は、サ行変格活用の他動詞）

e―「…が／を…ている」という構文／状態が現在に至るまで継続している意を表す。

○彼女は、母親に顔立ちが似ている。（「似」は、ナ行上一段活用の自動詞）

○私は、彼の実家がある町を知っている。（「知っ」は、ラ行五段活用の他動詞）

以上も、一つの整理のしかたでしかありません。そして、この「である」「ている」五分類では収まらない用法や用例もあるかもしれません。何よりも、多くの大学の研究室で、その研究成果が次々と発表されつづけているのですから、この表現については、未整理のものがまだまだある、ということになりましょう。

さて、この五分類に、例えば、「いつも窓が閉まっている。」（甲）はどこに属するか、「委員会への出席を伝えてある。」（乙）はどこに属するか、など、テスト問題よろしく、当《あ》て嵌《は》めてみるのもよいでしょう。私の留学生向けの授業は、ここから始まりました。このテストの正解、改めていうまでもなく、甲はBc、乙はAbです。

Q14

「ある」「いる」同様に、「おる」も、接続助詞「て」の下に続けて補助動詞として用いられますが、どういう用法や特徴があるのでしょうか。どんなときに用いているか、わかりやすく気づかせてください。

A14

東北地方や関東地方出身の、東日本の方は、どうも、「おる」を用いる意識が希薄なようです。漠然と、西日本の方言だ、やや古風な物言いだ、と思おうとしてしまっているようです。東日本の出身であっても、少しは使っているのですが、気づかないうちに使ってしまっていて、使った後で、自分も使っていたのだ、と気づく人もいるようです。かくいう筆者も、その一人です。

そこで、まず、「…ている」を用いる文例を思い浮かべてみてください。「…ている」の用法については、Q13に答えたA13のなかで、B「ている」としてのc・d・eにおいて、各用例文を挙げてあります。いま、それらを連用形中止法の表現にしてみると、それら各文末の「いる。」は、いずれも、「おり、」になってしまいます。「ずっと窓が開いており、…。」「私は、いま、窓を開けており、…。」「彼女は、母親に顔立ちが似ており、…。」です。どうして、そのように「…ており、」になるのか、これという理由を述べることは難しいのですが、とにかく、そうなるのです。あえていえば、連用形中止法にすることが、いくらか改まった表現になる、ということなのでしょうか。あるいは、単純に、「…てい、」では、その「い」の音が消えてしまうからでしょうか。

次は、文末の「…ておる。」は、ほとんど見られず、丁寧の助動詞「ます」を添えた「…ております。」だけだ、ということです。ということは、口頭表現に多い、ということです。その用例文は、さきのQ13のA13に見るB「ている」でいうと、dの「私は、いま、窓を開けております。」に限られるようです。

同じdでも、その主語は一人称主語に限られるようで、「私は、申請書類を作成しております。」でなければならないようです。いずれも、緊張し、姿勢を正した物言いです。

接続助詞「て」に付く補助動詞「おる」は、二人称主語の主語を表出しない命令文にも採用されます。その命令文は、その補助動詞「おる」を命令形にして構成されます。「ここで、待っておれ。」「しばらく立っておれ。」、そして、「覚えておれ。」などの「…ておれ。」です。前二用法が丁重な印象を与える表現であるのに対して、これら命令文の用例は、尊大で不遜な物言いです。同じ「おる」がどうしてこんなにも態度に開きを見せるのでしょうか。

これも、補助動詞といってよいかどうか、きまって複合動詞の後項となる「おる」があります。他人の言動を卑しめるといったらよいでしょうか。「生意気なことを言いおる。」「一人前の顔をしおる。」などの「おる」です。他の動詞の連用形の下に付く「おる」です。

お尋ねには、さしあたって、ここまででお答えとしておきます。実は、「おる」には、尊敬表現と結びつく用法・用例もあるのです。ただ、それらは、独立動詞用法の場合にも見られるところから、改めてのお尋ねとしてお受けすることにいたします。「おる」については、古典語の「をり」の段階から、意外な用法の用例が見られて、どう説明したらよいか、悩ませられています。しかも、有名教材のなかに見るのに、解明されていません。ぜひ、そういうお尋ね、お寄せください。

Q15

「…であられる」という尊敬表現に影響されてでしょうか、「…でおられる」という表現を見たことがあります。どう説明したらよいでしょうか。そもそも、「おる」が尊敬表現となるのは、何がそうさせるのでしょうか。

A15

Q11に答えたA11のなかに引いてあるAとしての「…である」を思い出してください。その断定表現「…である」の尊敬表現が、お尋ねにお引きの「…であられる」です。その「れる」は、尊敬の助動詞です。〈…でいらっしゃる〉ということです。「神であられる主は、」などというように、聖書などの翻訳表現として定着しているようです。おっしゃるとおり、その影響を受けてでしょう、「…でおられる」を見ることがあります。「父であられる方」のつもりで、「父でおられる方」というように言ってしまっている用例を見ることがあります。しかし、断定の助動詞「だ」の連用形「で」を補助する「おる」は存在しません。ですから、この「…でおられる」は、日本語として認めたくはありません。断定の助動詞「だ」の連用形「で」を補助できるのは、「ある」であって「おる」ではないからです。

このような用例が現れるのは、「おる」そのものが、尊敬の助動詞「れる」を伴って、〈いらっしゃる〉意の表現として、その用例を見せているからでしょう。接続助詞「て」の下に付いた、補助動詞「おる」についても、「…ておられる」という尊敬表現用法の用例を多く見せています。近年、いっそう増加しているといっていいでしょう。〈…ていらっしゃる〉に負けない用例数ともなってきています。

いまでは古くなりましたが、西日本方言で「明日、お宅におりますか。」と聞かれることがありますと、東日本の私どもは、その尋ね方に、なにか、失礼な、と感じたことがあったようです。どのような過程を経てか、はっきり辿《たど》れませんが、現在は、どこの人ということなく、多くの人が「明日は、お宅におられますか。」と尋ねられるようになった、と思っています。殊に、ここのところ、接続助詞「て」に付いた「おる」を助動詞「れる」で尊敬表現化させた「…ておられる。」がしばしば耳に入ってくるように思えます。「先生には、もう、ご昼食をお済ませになっておられますか。」「先輩には、あの映画をご覧になっておられますか。」など、お尋ねする表現には、それが定型化しているようにも思えます。体育連合会系の男子学生に多い表現と感じています。

　ところで、この「…ておられる」については、文化庁『敬語の指針』も含めて、敬語関係の書物は、「いる」の尊敬表現として取り上げてはいないようです。ただ、単に尊敬の助動詞「れる」が付いている、というだけではなく、「…ている」の尊敬表現として認識しておかなければならないところに来ているように思えます。もちろん、「…ていらっしゃる」が定着していますが、その「いらっしゃる」より少し軽い敬意にとどめたいという思いに応《こた》えてくれる表現として、その居場所を徐々に固めようとしているかに思える表現、といえましょうか。

　Q14のA14において、謙譲語といってもよい「…ております」の用例を見てきています。そのような「…ておる」が尊敬表現「…ておられる」になってしまう背景には、何があるのでしょうか。西日本方言の「おります」が現に尊敬の意をもっていたのでしょうか。あるいは、「…ております」の改まった印象が尊敬表現化を促したのでしょうか。尊敬の「れる」「られる」は、旧陸軍で強化されたとも聞いていますが、「…ておられる」も、淵源の一つはそこにあるのでしょうか。

Q16

形容詞・形容動詞の連用形に付いて補助する、補助動詞「ある」に注目したとき、終止形「ある」の用例が、形容動詞には若干見られますが、形容詞についてはまったく見られません。どうして、こういう違いが見られるのでしょうか。

A16

形容詞・形容動詞の連用形に付く補助動詞「ある」は、ともに、補助活用といわれる、それぞれの活用形の不備を補う目的で採用されました。ただ、形容詞は、形容詞としての終止形が発達・完備していたのに対して、形容動詞は、その終止形を含めて、補助動詞「あり」の力を借りて、成立・発達・完備したのでした。それが、そのような違いとなったといっていいでしょう。以下、それぞれの補助活用の発達の推移を紹介してまいります。

形容詞について、古典語形容詞の活用表を見てみることにいたします。古典語形容詞には、ク活用・シク活用の別がありますが、シク活用については、ク活用の「く・き・けれ／から・かり・かる・かれ」の上に「し」を加えるだけでよいことになりますので、ク活用活用表だけを引くことにいたします。

未然形	連用形	終止形	連体形	已然形	命令形
く	く	し	き	けれ	
から	かり		かる		かれ

ク活用「早し」だったら、この活用表の各活用形の上に語幹「早」を載せるだけでよいわけです。シクの活用「麗《うるは》し」だったら、終止形には語幹を載せ、他の活用形には、その終止形「麗し」をそっくり載せればよいことになります。さて、傍線を付けた「から」「かり」「かる」「かれ」は、連用形「く」に

補助動詞「あり」が付いて成立したものだったのです。そこで、現代語としては、「早くありません。」とか「麗しくあれ。」とかいうような場合にしか、補助動詞「ある」は現れません。

次に、形容動詞について見ていきますが、古典語としては、ナリ活用のほうだけが該当することになります。こちらも、その活用表を見てみましょう。

未然形	連用形	終止形	連体形	已然形	命令形
なら	なり に	なり	なる	なれ	なれ

「静かなり」でも「穏やかなり」でも、語幹「静か」「穏やか」を上に載せることで、それぞれの各活用形ということになります。そして、傍線を付けたところは、連用形「に」に補助動詞「あり」が付いて成立しました。なんと、形容動詞は、全活用形とも、補助動詞「あり」の力で成立した補助活用だったのです。そこで、現代語の終止形は、「静かだ」という、活用表に載る語形のほかに、連用形に補助動詞「ある」を伴った「静かである」も存在することになりました。それだけでなく、「穏やかではありません。」とか「朗らかであれ。」とかの用法・用例もありますから、それら形容動詞の連用形に付く補助動詞「ある」に比して、形容詞の連用形に付く補助動詞「ある」の用例が少ないと感じるのは、当然のことといえましょう。

Q17

断定の助動詞「だ」は、「である」に言い換えることができます。その「だ」の丁寧表現「です」と、「である」に「ます」を付けた丁寧表現「であります」とには、どのような違いがあるのでしょうか。断定の丁寧表現の違いを認識させてください。

A17

まず、両表現の基本的な違いを確認しておきましょう。「です」は、既に一語の助動詞です。用法も幾つか定着しています。しかし、「であります」は、「で」「あり」「ます」の三単語から成る語句です。そこで、「です」については、辞典や文法書がこれを取り立ててくれてありますが、「であります」について、これを取り立ててくれてあることは、まずないでしょう。そこで、「です」と比較しながら、「であります」を観察していきます。

その一視点として、「彼が田中くんです。」と「彼が田中くんであります。」とでは、聞き手に対する配慮の度合いに違いがある、といっていいでしょう。後者には、緊張度の深さが感じられます。「あの山が富士山です。」と「あの山が富士山であります。」とでも同じでしょう。

次に、形容動詞の語幹に付いた用例で見てみましょう。「失敗の原因は、明らかです。」と「失敗の原因は、明らかであります。」とでも、後者に、緊張度が感じられ、聞き手に強く訴える力をもっています。自身の責任を感じている場面でも、場合によっては、聞き手の責任を追及する場面でも用いられましょう。

次は、行動を促す場面での用例を見ていくことにいたします。「出発の時間です。」と「出発の時間であります。」とでは、話者と聞き手との関係に大きな開きがあるように見えてきました。前者には幅広い人物関係が想定できますが、後者については、部下とその上官という限られた人物関係しか見えてきません。決断力ある部下の、上官への命令ともいってよい督促とも聞こえてきます。もちろん、単なる報告という場合もありましょうが、部下と上官との関係という点は変わらないでしょう。

　両表現の違いはまだまだあるのですが、スペースに限りがありますので、この辺で、間投助詞「ね」を添えた「ですね」にして、間投助詞のように挟み込めるかどうか、観察してみましょう。「明日は、都合があってですね、欠席させてください。」とは言えますが、「であります」には、軽い主張を表し念押しをする間投助詞を挟み込むことなど、まったく不可能です。同じ断定の丁寧表現でも、両表現の違いが幾つか見えてきたでしょう。

　さて、ここで、助動詞「です」の成立について確認しておきましょう。実は、複雑で、多様な説があって、整理できないのです。一つは、断定の助動詞「なり」が連用形「に」に接続助詞「て」を介在させ、丁寧の補助動詞「候《さうら》ふ」を付けた「にて候ふ」が「で候《さう》」となり、「です」となったと見る見方です。それとは別に、狂言には「です」が用いられています。また、「でございます」「であります」が変化して「です」となった、と見る説もあります。いずれにしても、明治二十年代、教科書に採用されたことと言文一致文に採用されたことが、現代語「です」の隆昌をもたらした、といっていいでしょう。

「であります」は「です」の前身とも見られていますが、現代語の「であります」は、旧陸軍の兵卒の表現がベースになっていましょうか。野間宏『真空地帯』からは、「〇〇二等兵であります。」という声が聞こえてくるようです。

Q18

現代語「ある」は、人間や人間以外の動物も含めて、その存在を表すことができません。では、何についての存在を表現するのに用いられているのでしょうか。また、「〇〇がある。」の「が」は、主語を表すものではないようですが、…。

A18

お尋ねは、古典語「あり」が人間や人間以外の動物も含めてその存在を表しえたのに、現代語「ある」はそうではなくなった、ということを前提にお尋ねなのだろうと思います。確かに、現代語「ある」が、何についての存在を表現するかについて、わざわざ取り立てることはないようですが、古典文をある程度読むようになった学生からは、同じようなお尋ねを受けたことがあります。これは、語彙と文法とに相関する重要な問題だと思います。

現代語「ある」が表す存在は、人間や人間以外の動物を除いた万象です。植物も鉱物も、それらの加工物もで、そのように形状ある物が、まず考えられます。そして、形状をもたないものも、また、その「ある」を用いて、その存在を表現することができます。A1において、古典語「あり」は、すべての具象物・抽象物の存在を表現しえた、と述べてきています。そこから、人間や人間以外の動物を除いて、その存在を表すのが、現代語「ある」です。ただ、ここで確認しておきたいことば、古代の日本人は抽象物を「あり」として認識することがあまりなかった、ということです。さらにいうと、抽象概念を表す語彙そのものが限られていたために、そういう用例は限られる、ということでもありましょう。

「本がある。」「机がある。」／「住宅がある。」「ビルがある。」／「山がある。」「海がある。」／「公園がある。」「グランドがある。」は、みんな目で見ることができる具象物の存在表現です。「喜びがある。」「悲しみがある。」／「記憶がある。」「アイデアがある。」／「個性がある。」「才能がある。」／「自由がある。」「平和がある。」は、目で見ることができない抽象概念の存在表現です。ただ、この抽象概念の存在表現は、おおまかにいって、明治以降の、つまり、近代語の時代になってから多く見られるようになった、と見てよいようです。

そこででしょうか、論理的文章では、この抽象概念の存在表現そのものに抵抗を感じた時代がありました。「日本国憲法」を見たとき、「校舎がある。」とか「愛情がある。」とかいった「ある」を見ることもないようです。当然、「権利がある。」「義務がある。」も、見られません。そこに見るのは、「権利を有する。」です。「権利がない。」は、「権利を有しない。」です。「義務がある。」は、「義務を負ふ。」となっていました。「ある」は、「その議員の要求があれば、」（第五十条）など、極めて限られます。

そこで、スペースがなくなりましたが、いま一つのお尋ねにお答えいたします。このお尋ね、これまた、重要な問題です。「ぼくが行く。」「鶏が鳴く。」などの「が」は、「ぼくが」や「鶏が」が、「行く。」「鳴く。」という述語から見て主語となる文節であることを表しています。ところが、「山が高い。」「母が恋しい。」の「が」は、「山が」や「母が」が「高い」と感じたり「恋しい」と感じたりする対象語となる文節であることを表しています。「本がある。」「机がある。」の「が」も、その対象語であることを表すための「が」です。したがって、一般にいう主格の用法ではありません。対象格の「が」です、このお尋ね、改めてゆっくり説明したいと思います。

Q19

「神も仏もあるものか。」という、諺《ことわざ》というか、慣用句というか、そういう恨みの呟《つぶや》きがありますが、神や仏を、「いる」でなく、「ある」で表現していいのでしょうか。意味は、〈神も仏も、いないではないか。〉で、よいですね。

A19

お尋ねは、人間や人間を除いた動物は、その存在を「いる」で表現することになっていますので、神や仏は、人間が神格化したものですから、人間同様「いる」で表現すると思えたのに、「ある」を用いているところから質問なさった、ということでしょうか。「神も仏もいるものか。」とお思いになった、ということでよろしいでしょうか。

世の中というものは、どんなに真面目《まじめ》に努力を重ねていても、不幸続きであったり、実りのない人生を送らせられたり、というような、そういう人生は多いものです。一方、要領よく立ち回って、楽をして富《とみ》を得て悠々自適という人もいたでしょう。そういう矛盾を取り上げて愚痴をこぼすときなどに、この「神も仏もあるものか。」を呟くことになったのでしょう。「神も仏もありはしない。」、さらに転じて、「神も仏もありゃしない。」ともいわれるでしょう。

そこで、この「神も仏もあるものか。」の「ある」が、「いる」でなければならないかどうか、考えてみることにしましょう。仮に「いる」を誤ったとしても、その「いる」は、古い時代だったら、「ゐる」でなければなりません。また、さらに古い時代だったら「ゐる」は〈座る〉意であり、この文脈にはふさわしくない動詞になってしまいます。その「神も仏もあるものか。」の「ものか」が反語の終助詞である点などから、また、「ありはしない」などという言い方もあるところからなど考えると、この「ある」は、存否をいうためのものと思えてくるのです。存在するか否かを問題にした「ある」であろうと思えてきたのです。だから、「神も仏もない。」ともいえるのです。

例えば、自身が存在するか否かを哲学的に認識しようとした場合には、「私が、いま、ここにあることは、疑う余地のないことである。」などといったりするでしょう。存否を問題にした「ある」である、といえましょう。「神は、果たしてあるのか。」といったりする「ある」も、同じ「ある」である、といっていいでしょう。「この世に神があると信じている人は、幸せである。」文と「この世に神がいると信じている人は、一人もいない。」文とを比較してみると、その「ある」が、よく見えてくるでしょう。

さらに重ねて、「神も仏もありはしない。」の、その「あり」が、存否を問題にした「ある」であって、〈いる〉意を表現するものでないことを読みとりたいと思います。それは、「神も仏もありはしない。」と「神も仏もいるはずがない」を比較することで見えてきましょう。神や仏がここにいるとかいないとかではなくて、神や仏の存在そのものを認めるかどうかというのが、「ありはしない」の「あり」ということになりましょう。そして、さらに、この諺は、単に「神も仏もない。」ともいわれます。「ない」ということと、「いない」ということとは、大きく異なります。「神も仏もない。」ということは、「神も仏もあるものか。」や「神も仏もありはしない。」の「ある」や「あり」が、〈いる〉意のものではないことを証明してくれましょう。

Q20

「ある」という動詞には、打消の助動詞「ない」で打ち消した用例が存在しません。「行く」が「行かない」となり、「来る」が「来ない」となるように、「あらない」があってもいいと思うのに、見ることがありません。どうしてなのでしょうか。

A20

打消の助動詞「ない」は、現代語にしか存在しません。相当量の単語が古典語にも存在し、そのうちの活用語は形態の面で必ず変化して現代語となっています。打消の助動詞「ない」は、活用のしかたが誤解を呑み込んで成立してしまいました。打消の「ない」は、『万葉集』東歌《あずまうた》の「逢はなふよ」（14三三七五）に由来します。〈…ないでいる〉意の助動詞です。その語形が変化して、いつか、ナイという発音になっていました。一方、形容詞「無し」が、これまた変化して「ない」となっていたところから、ナイという同じ発音となってしまいました。「なふ」出自のナイと「無し」が変化したナイとが、同じ単語と思い込まれてしまったようなのです。

そこで、「あらない」は「ない」と同じ意なので、「あら」の必要はないと思われたのではないか、と思えるのです。形容詞「ない」は非存在を表し、打消の助動詞「ない」は動作・作用・存在を否定するのですから、機能は明らかに違うのですが、どちらも発音がナイですので、その違いが認識できなくなってしまったのでしょう。「ある」は、古典語ではラ行変格活用であった「あり」でしたが、その終止形が「ある」となったことで、五段活用の仲間入りをしてしまいます。そして、未然形の「あら」は古典語的な「ず」「ぬ」に連なるときだけ用いられることになってしまいます。

機能の異なる二つの「ない」を、ナイという発音が共通するところから、一つにしてしまおうとした、一つの現れが、「あらない」を用いなくなったところにある、といっていいでしょう。非存在の「ない」

と否定する姿勢の「ない」とを一つにして、「あらない」を抹殺してしまったのです。お尋ねから、発音に惹《ひ》かれることのない認識の重要性に気づかせていただきました。

さて、その「あらない」は、まったく存在しないのでしょうか。近松門左衛門作の浄瑠璃に、「急《せ》く事はあらない、」（心中宵庚申《しんじゅうよいこうしん》・上）という、用例が見つかっています。浜松の武士の台詞《せりふ》に見る用例です。いま一用例、石田《いしだ》三成《みつなり》の大垣城にいた、ある女性の談話を記した短編のなかに「首もこはいものではあらない。」（おあん物語）とありました。その『おあん物語』には、享保十五（一七三〇）年の奥書があって、古い岩波文庫の『雑兵物語・おあむ物語』に収められていました。こちらの用例は、「である」の「ある」に付いていて、補助動詞「ある」にも、打消の助動詞「ない」が付いた「あらない」があった、ということになります。

右に紹介したように、過去の日本には「あらない」という用例が確かに存在しました。それがなくなったということは、日本人の認識の姿勢が、存在を否定することも非存在に含めて受けとめてしまおう、ということになったからでしょう。当初から「なし」という形容詞で捉える眼は、「無」の認識が発生したということで、数値でいえば、ゼロとして捉えられた、ということでしょう。今回見つかった「あらない」は、それらとは異なる認識でしょう。現代の日本人には、その認識力がなくなった、ということになります。

Q21

「ある」という動詞を打消の助動詞「ない」で打ち消す表現は、現代日本語には存在しないとのことですが、「ありはしない」とか「ありもしない」とかいう表現は、どう理解したらよいのでしょうか。

A21

お尋ね、さきほど、「ある」という動詞を打消の助動詞「ない」で打ち消した「あらない」という用例が近世に見られたことを紹介するのに併せて、触れたいと思っておりました。お尋ねの「ありはしない」「ありもしない」は、間違いなく、動詞「ある」を打消の助動詞「ない」で打ち消した表現です。ただ、係助詞「は」「も」が介在していて、打消の助動詞「ない」への接続のため、補助動詞「する」が起用されています。

その「ありはしない」は、これも、「神も仏もあるものか。」の別の言い回しとしての「神も仏もありはしない。」で触れてきていました。「ありはしない」という表現の背景には、「あらない」が必須です。「あらない」に係助詞「は」を共起させて、打消の助動詞「ない」で打ち消す対象が「ある」の全面に及ぶことを表そうとしたのでしょう。ただ、「は」は無活用語です。「は」の下に打消の助動詞「ない」を直接させることはできません。そこで、起用されたのが補助動詞の「する」です。その「する」は、上の「あら」に連用形「あり」へと変形するよう要求します。一方、「ない」も、その「する」に未然形「し」へと変形するよう要求します。打消の助動詞「ない」は、活用語の未然形にしか接続できないからです。その結果として、「ありはしない」という表現が構築されたのです。

この、係助詞「は」「も」を介在させて補助動詞「する」を用いた打消表現は、その構築過程が鮮やかに辿《たど》れます。一般の動詞「泣く」「笑う」で、重ねて、追跡してみます。「泣かない」が背景にあって、

「泣きはしない」が構築されるのです。「泣かない」に「は」を共起させるためには、補助動詞「する」の起用が必要です。「する」の起用と同時に、「泣か」は連用形「泣き」に変形されます。そうしないと、補助動詞「する」に補助してもらえないからです。一方、下の打消の助動詞「ない」は、「する」に未然形「し」であることを要求し、それに応《こた》えてくれた結果として接続しているのでしょう。「笑いもしない」も、「笑わない」が背景にあって、「も」の共起、連用形「笑い」への変形、補助動詞「する」の未然形「し」への変形、そういう過程を経て、結果としては「も」を介在させた「笑いもしない」として構築されているのです。

もう、「ありもしない」がどういう過程を経て構築されているかなど、説明する必要はないでしょう。係助詞「も」は、ことさらに取り立てて否定する姿勢を予告する目的で共起させたのでしょうか。「ありもしない作り話をする。」など、連体修飾語ともなる語句のようです。その古典語ふうの言い回しとして、「ありもせぬ」ともいうようです。

古典語の時代、この補助動詞「する」の前身「す」は、和歌に頻用されました。「神代にはありもやしけむ…」（新古今・一四八五）「人はいさありもやすらむ…」（金葉・四六九）に見る「ありもやしけむ」「ありもやすらむ」は、それぞれ、「ありけむ」「あるらむ」に間投助動詞「もや」を共起・存在させた表現です。そこに、補助動詞「す」が起用されました。

Q22

動詞「ある」の反対語が形容詞「ない」であることについては、どのように理解したらよいのでしょうか。日本語には、この組み合わせのように、動詞と形容詞とが反対語となる組み合わせがあるのでしょうか。

A22

動詞「ある」と形容詞「ない」とが反対語の関係にあることについての疑問点というか、問題点というか、その割り切れない思いは、幾つも挙げることができるでしょう。その一は、この二語を反対語と見てよいかどうかというところから始まります。その二は、「ある」を動詞としておいてよいか、ということです。その三は、「ない」には対立する概念の形容詞はないのか、というようなことです。ただ、お尋ねは、そのようなことについては、疑問を挟まないことにしてのお尋ねのようにも感じとれました。

そうではあっても、この三点についても、一度は考えてみてよいでしょう。その一はともかくとして、その二については、古典語「あり」の段階で、どうしてラ行変格活用という不規則変化をしたのか、という点です。変格活用のなかでも、ラ行変格活用は、終止形がイ段で終わるという、大きな違いを見せます。富士谷成章《なりあきら》という近世の国学者が、その「あり」を「孔《ありな》」と呼んで区別したのは、どういう性質を捉えた呼び方なのでしょうか。「ありな」の「あり」は、「あり」という単語そのもので、「な」は「名（体言）」なのでしょうか。その昔、富士谷成章の研究で知られる竹岡正夫氏に伺いましたが、成章がそう書いてあるだけなので、ということでした。名詞に相当する連用形を終止形としていると見てのことなのでしょうか。同じく近世国学者の鈴木朖《あきら》は、『言語四種論』において、現在の形容詞とラ行変格活用動詞の「あり」を一つにして「形状《ありかた》ノ詞」と呼んでいます。明治になってからでも、山田孝雄《よしお》の『日本文法論』（宝文館・明治四十一年）は、「あり」を「ごとし」「す」などとともに形式用言としています。

その三に移りましょう。形容詞「なし」は、ク活用です。形容詞ク活用は、「深し」「浅し」／「広し」「狭し」／「長し」「短し」／「濃し」「薄し」など、それぞれ、対応関係を見せます。そこで、「無し」についても、例えば「有し《あ》」などというク活用形容詞が存在してもいいのではないか、どうして、そういうク活用形容詞が見られないのか、あるいは、〈存在する〉意に〈なさる〉意の動詞性が感じとれて、「有し」とならないで「有り《あ》」となってしまったのではないか、などなど、思いたくもなってきましょう。

しかし、実際に存在するのは、「有り」と「無し」とであり、「ある」と「ない」とであるわけです。その「ある」と「ない」との概念に厳密な意味で反対語としての対応関係が認められるかどうかの判断は難しいでしょうが、常識的には、誰しもが反対語と認めてきている、といっていいでしょう。一方、活用語の活用の種類は、多くその担う概念に即して足並みが揃《そろ》うのですが、時に、そうはいかない場合もあって、「ある」と「ない」とは、そういう関係になってしまうようです。いま、動詞と形容詞ということで、そういう組み合わせとなるものを探してみますと、「富む」と「貧し」／「老ゆ」と「若し」が挙げられます。これらとて、例文は連体修飾語として用いるとなると、「富める」と「貧しき」／「老いたる」と「若き」というように、それぞれ、助動詞「り」「たり」の助けを借りたりしなければならないことになりましょう。

今回のお尋ね、言語における概念と形態との対応ということになろうと思います。多くは足並みが揃うのですが、時にはこうしてずれてしまうこともあるようです。

Q23

現代文には「あらない。」という表現がありませんが、古典文には「あらず。」という表現があります。「あらず。」と「なし。」とに違いがあるのでしょうか。違いがあるとしたら、どのような違いでしょうか。

A23

ここで確認できるのは、お尋ねのなかにある「古典文には「あらず。」という表現があ」る、ということです。そして、もちろん、その一方に「なし。」という表現もあった、ということです。

そこで、確認しておきたいのは、現代文に「あらない。」を見ない背景にどのような理由が考えられるか、ということです。いま、一般に、「あらない。」が存在しないことについては、「あらない。」の「ない」、つまり、打消の助動詞「ない」が、非存在を表す形容詞「ない」と発音が同じナイだから、というように見られていましょうか。それだけでない事情が考えられるとしたら、それまで「あらず。」によって認識された、「あり」によって捉えられた存在が、そこに認められないとして打ち消して捉える姿勢が日本人になくなった、というようなことでしょうか。

さて、『万葉集』歌などを見ても、形容詞「なし。」の用例も相当量見られます。もちろん、「あらず。」も見られます。「石見《いはみ》の海角の瀬廻《み》を浦なしと人こそ見らめ…」（2一三一）「ちはやぶる神の社しなかりせば…」（3四〇四）とある一方に、「大き海に島もあらなくに…」（7一〇八九）「…三輪の崎狭野《さの》の渡りに家もあらなくに」（3二六五）ともあるのです。「浦」や「神の社」は「なし」で受けとめられ、「島」や「家」は、「あらず」で受けとめられている、ということになります。「あらなくに」の「なくに」は、打消の助動詞「ず」の未然形「な」に名詞化する接尾語「く」と助詞の「に」とが付いたものです。「あらず。」で言い切られた用例もありました。「…大船のたゆたふ見れば慰もる心もあらず…」（2一九六）

などです。

この程度の用例で、「あらず」と「なし」との認識のしかたの違いについて判断することは難しいでしょうが、「あらず」は、存在として捉えようとして、それができないことに気づいて打ち消しているのに対して、「なし」は、直ちに非存在を認識したということでしょう。したがって、その存在について期待しながら恒常的に非存在の事象は「なし」が定着するでしょう。「よし」は「由」「因」「縁」字が当たり、後世多様な意味を担う形式名詞といってよい名詞ですが、『万葉集』歌では〈機会〉を意味して、「なし」も「あらず」も伴う用例を見せます。「…天雲の外《よそ》のみ見つつ言問はむよしのなければ…」（4五四六）とある一方に、「またも逢はむよしもあらぬか…」（4七〇八）ともあったのです。「あらぬ」の「ぬ」は、打消の助動詞「ず」の連体形です。

お尋ねは、「あらず」と「なし」との違いを強くお望みのように思えますが、既に述べてきておりますように、それは、認識の過程の違いということでしょう。そうお答えすると、では、古代の日本人はどうだったのか、どちらで認識していたのか、などなど、次々と関連する疑問が湧《わ》いてきそうです。とにかく、「あり」を「ず」で打ち消して、その結果として非存在を受けとめる営みと、直ちに零《レイ》に相当する無として捉えて「なし」と表現する行為とは、結果は同じであっても、認識のあり方が大きく異なります。数学ではアラビア語「ゼロ」と受けとめ、「0」と表記します。現代日本語に「あらない」が存在しないことについては、どう理解したらよいのでしょうか。このQのお答えは、この辺までとさせてください。

Q24

日本語には、「あり」を打ち消した「あらず」も、始めから非存在をいう「なし」も、ともに古くから見られたということですが、何か、どこかに違いはないのでしょうか。例えば、人間の場合は「あらず」とか、そういう傾向など、ないのでしょうか。

A24

古典語では「あり」で表現していた人間の存在が、いま、「いる」で表現されるようになったからでしょうか、今回のお尋ねのようなお尋ね、時々、伺います。関心をおもちいただけるのは嬉しいことですが、そうそう、そういう動きが見えるわけではありません。お尋ねですから、その、人間がそこにいないことをどう表現していたかから紹介いたしてまいります。

「…衣《ころも》貸すべき妹もあらなくに」（1七五）「見まく欲り我がする君もあらなくに」（2一六四）とあります一方に、「…常世にあれど見し人ぞなき」（3四四六）「…君いしなくは堪《た》へ難《がた》きかも」（4五三七）ともありました。早速、どちらが多いか少ないかとか、どちらが古いか新しいかとか、そういうお尋ねが続くのではないか、と思います。そう思って観察なさることをお勧めいたします。

それにしても、「なし」については、何かを求めていて、その非存在に気づくように思えます。したがって、何か、その対象物を意識したときに、その非存在に気づかされるようにも思います。そう思っていて、「価《あたひ》なき宝《たから》といふとも…」（3三四五）の「価なき」の理解に戸惑ったことがあります。〈価値が存在しない〉という理解は誤解だったのです。この「価なき」は、〈（正当な）価値が存在しない〉ということだったのです。つまり、存在・非存在の対象が的確に捉えられていなければ、誤解が生じるのです。『法華経』など仏典に見られる「無価宝珠」の訓読表現でした。ただ、単に価値がないではなく、正当な価値がそこに存在しないほど貴重な宝珠、ということだったのです。

抽象概念といってよい「時」「日」「間《ま》」などに「なし」が定着しているのは、あるいは外来の背景があるのではないか、と思いたくもなります。「…我《あ》が泣く涙止む時もなし」（2一七七）「…妹を思ひ出《い》で泣かぬ日はなし」（3四七三）「…今日《くふ》までに我《われ》は忘れず間なくし思へば」（4七〇二）などです。「うつせみの世は常なしと知るものを…」（3四六五）「思へども験もなしと…」（4六五八）なども、何か、背景があるように感じられてきます。

八千矛神《やちほこのかみ》の須勢理毘売《すせりびめ》に向けての和解の歌謡を受けて、須勢理毘売が応じた歌謡に、「…汝《な》を除《き》て夫《を》は無《な》し汝を除て夫《つま》は無し…」（古事記・上・歌謡5）と出て来ます。〈あなたのほかに男はありません。あなたのほかに夫はありません。〉ということです。先入観をもちすぎていることになりそうですが、どうして「あらず」でなかったのか、と思いたくなります。冒頭にも引きましたが、人間主語には「あらず」が用いられていました。いま一用例、「遠妻のここにしあらねば…」（4五三六）ともありました。人間主語には「あらず」、とも言い切れなくて、悩ましいところです。

ところで、『万葉集』三八五番歌の左注ですが、仙柘枝《やまびめのつみのえ》の歌について、吉野の味稲《うましね》を紹介し、さらに、柘枝伝《しゃしでん》を見たのだが、「無レ有二此歌一。」といっています。その「無レ有」は、「不レ有」ではありませんから、「あらず」とは読めません。どう読んでいるかというと、「あることなし」でした。「あらず」と「なし」との、上代の微妙な事実について触れさせていただきました。

Q25

一般的な印象として、上代・中古の古典文を見たとき、「あらず」や「あらず」の連体形「あらぬ」・已然形「あらね」が、極めてしばしば見られます。A23・A24の説明からは、「あらず」より「なし」のほうが多い印象を受けましたが、それでよいのでしょうか。

A25

そういう印象を与えていたとしたら、訂正していただかなければなりません。これから申し上げる「あらず」は、いずれも、補助動詞と呼ばれる用法の「あり」に「ず」が付いたものです。その「あらず」だけでなく、補助動詞「あり」の用例は、恐らくどのような作品においても、〈存在する〉意の、「なし」の反対語の「あり」より圧倒的に多く用いられています。以下に、A23・A24には該当しなかった「あらず」と、その連体形・已然形を紹介いたします。お答えは、補助動詞「あり」の多さの紹介となります。

『万葉集』を開いてみましょう。「なかなかに人とあらず[a]は酒壺《さかつぼ》に成りにてしかも酒に染《し》みなむ」（3三四三）の「あらず」の「ず」は連用形で、やや特殊な用例です。でも、有名な一首で、〈なまじっか人間でいるより酒壺になってしまいたい。酒にどっぷり漬かろう。〉と解せます。「わが祭る神にはあら[b]ずますらをにつきたる神をよく祭るべし」（3四〇六）の「あらず」の「ず」は終止形で、三句切れの一首です。佐伯赤麻呂《さえきのあかまろ》が贈った歌にある娘子が答えた歌で、〈（その神は）私の祭る神のことではありません。丈夫《ますらお》のあなたにとり憑《つ》いた神（女性）のことです。よく祭ってあげなさい。〉と解されます。

次に、『枕草子』でいいでしょう。「何かは、常に聞くことなれば、耳馴《みみな》れて、めづらしうもあらぬ[c]にこそは。」（三一段）は、「説教の講師は」という段に見る用例です。〈（説教のことは、）いや、なに、いつも聞くことなのだから、耳慣れて、きっと珍しくもないのであろう。〉と述べているところです。「白《しら》樫《かし》といふものは、…をかしき事、めでたき事にとり出づべくもあらねど、…。」（三八段）は、「花の木ならぬは」という段に現れる用例です。〈白樫という木は、…おもしろいこと、すばらしいこととして取り立てて言うほどのことでもないけれども、…。〉といっているところです。続けて、そうだけれども、どちらともなく雪が降り積もっているのに見間違えられ、須佐之男命《すさのおのみこと》が出雲《いずも》の国にお出かけになったことを思って、人麻呂《ひとまろ》が詠んだ歌などを考えると、しみじみとした感じがする、といっているところです。

大進生昌《だいじんなりまさ》の家に中宮定子《ていし》が御産のために行啓された話、ご存じでしょう。「「あれは誰《た》ぞ。顕証《けそう》に。」と言へば、「あらず。家の主《あるじ》と申すべき事の侍るなり。」と言へば、…。」（六段）は、〈（清少納言が）「あれは誰《だれ》でしょう。丸見えなのに。」と言うと、「いいえ。家の主人として申し上げなければならないことがあるのでございます。」と言うので、…。〉というところです。その「あらず」は、清少納言の問いの内容を打ち消す大進生昌の応答詞です。

右に紹介した「あらず」は、存在を打ち消す「あらず」ではありません。aの「あらず」は、やがて断定の助動詞「たり」となる、その一部を担っている「と」と、それに続く「あら」に「ず」が付いたものです。bの「あらず」は、上の断定の助動詞「なり」の連用形「に」と結びつくと、その「なり」を構成する「あら」に「ず」が付いたものです。c・dの「あら」も、上の語句の補助をしているだけです。eの「あらず」は、「さあらず。」の「あらず」が独り歩きしたもので、これも、補助動詞「あり」だったのです。至る所に補助動詞「あり」があることを紹介して、お答えといたします。

Q26

古典文には、「女親といふ人、ある限りはありけるを、久しう患ひて、秋の初めのころほひ、空《むな》しくなりぬ。」（蜻蛉《かげろう》日記・康保元年）に見る傍線部「ある」など、〈生きている〉意の「あり」がありますが、現代語に残っていましょうか。

A26

人間や、広く動物が存在するということは、〈健在である〉〈生きている〉ということでもありましょうので、このような「あり」の用例は、古典文のなかには極めてしばしば見るところです。お尋ねにお引きの用例は、作者・道綱の母が、その母の死を述べたところで、むしろ、続く「ありけるを、」の「あり」が注目されるところです。その「ありけるを、」の上には、多く「ともかくも」を補ったりして、〈どうにか過ごしていたが、〉などと解されます。つまり、そういう被補助語を想定して読む、補助動詞「あり」の「ありけるを、」ということになります。いま、ここで問題にしているところは、その上の「ある限りは」で、〈生きている間は〉というように読みとっていく「あり」でした。

これは、当代人にとっては、生きていることを意識する感性度が、現代人よりも高かったからのようにも思えます。「残りなく散るぞめでたき桜花ありて世の中はての憂《う》ければ」（古今和歌集・2春下七一）の「ありて」が〈生き長えて〉の意と知って驚いた日があります。続く「世の中はての憂ければ」を〈世の習いとして最後の時期（＝臨終）がつらいので。〉と解し、その上に「生き残った者にとって」を補うという注記に、いっそう驚かされました。「名にし負はばいざ言問はむ都鳥わが思ふ人はありやなしやと」（古今和歌集・9羇旅四一一）の「あり」も、〈生きている〉意の用例です。『伊勢物語』の九段にも見える、在原業平《ありわらのなりひら》というか、昔男といったほうがよいか、その東下《あずまくだ》りに見る一首です。〈（都という）名をもっているなら、さあ質問しよう。ミヤコドリよ。私の思い慕っている人は（都で）健在であるのかどうかと。〉と訳す、あの隅田川の都鳥の和歌です。

お尋ねは、現代語に残っているか、でした。そうですね。老人でないと使えないでしょう。九十歳を越えてなお、仕事に打ち込む職人さんが、「この世にある限り頑張ります。」と言ったようなとき、耳にすることができるようです。「ある限り」の「限り」が、そういう意味を担わせるのでしょうか。「この世に」も、そういう意味を生む背景となっていましょうか。

この機会に申し上げておきたいのは、かつては、その中古に多く見られた〈居合わせる〉〈そこにいる〉意の「あり」ですが、もはや、まったく見ることも聞くこともなくなってしまったようです。「望月《もちづき》の明かさを十合《とを》はせたるばかりにて、ある人の毛の穴さへ見ゆるほどなり。」（竹取物語・かぐや姫の昇天）は、夜でしたが、天人たちの発する光がいかに明るかったかを述べているところです。〈その天人の発する光は）満月の明るさを十も合わせたほどで、（かぐや姫の周辺に）居合わせた人の毛の穴まで見えるほどである。〉というところです。さきほどの、あの東下りの話の、八橋《やつはし》の、その沢の燕子花《かきつばた》の折句《おりく》のところにも見られました。「その沢にかきつばたいとおもしろく咲きたり。それを見て、ある人のいはく、…。」（同前）の、その「ある」は、不特定の一つをいう「ある」ではありません。そこに〈いる〉人、〈居合わせた〉人で、つまりは、昔男です。

周辺に居合わせた人を、そのように意識して認識する姿勢がなくなったのか、必要がなくなったのか、このような「あり」、それは連体形「ある」に限られるようですが、とにかく現代語には残ることがなかったようです。

Q27

古典文には、「例の車にておはしたり。差し寄せて、「はや、はや。」とあれば、…。」(和泉式部《いずみしきぶ》日記)の「あれ(→あり)」のように、「引用文＋と＋あり」の形で、〈言う〉意や、〈書いてある〉意を表す「あり」が見られます。現代文に残っていましょうか。

A27

表現形式を的確に捉えてのお尋ね、受けとめさせていただきました。この形式で叙述される引用文は、口頭語の場合も、書簡の場合も、ともにあります。作品によって違いがあるかもしれませんが、この「あり」には、敬意があっての表現かと思えることもあります。お尋ねにお引きの用例は、月夜の同車行といわれるところです。〈(敦道親王《あつみちしんのう》は、)いつものように車でいらっしゃった。(車を私のそばへ)近づけて、「早く、早く。」とおっしゃるので、…。〉と読みとれます。この「…とあれば、」は、口頭での伝達を受けたことになります。

その、月夜の同車行よりも前の、五月雨《さみだれ》のころ、「雨のつれづれはいかに。」というご挨拶が、「おほかたに」歌を添えて、宮から、和泉式部に送られてきました。そこにも、「…とあれば、」とあります。そこで、和泉式部は「慕《しの》ぶらむ」歌を書いて、それを裏返して、「ふれば世の…」とも書いてお届けすると、また、宮から、「なにせむに」歌に「たれも憂き世をや。」というお言葉を添えて、ご返事がありました。そこにも、また、「…とあり。」とありました。そのいずれも、敦道親王が和泉式部に〈書いてお送りになった〉ことを意味しています。書簡による伝達を受けたことになります。

そのような「…とあり。」の「あり」は、「あり」に敬意をも担わせているかどうかはともかくとして、その伝達行為の描写には、中古の作品に広く見るところです。時代が下っても、広く記録の手法としても残るようです。時代としては、逆に古いことになりますが、和歌の詞書《ことばがき》にも見られました。「さぶらひにて、をのこども酒たうべけるに、召して、「郭公《ほととぎす》待つ歌よめ。」とありければ、よめる。」というように、凡河内《おおしこうちの》躬恒《みつね》の「郭公声もきこえず山彦《やまびこ》は外《ほか》に鳴く音《ね》をこたへやはせぬ」（古今和歌集3一六一）に先立って、その詠歌の事情を述べています。ここの「…とあり。」は、天皇のご命令をいっていることになります。この「とありければ、」の部分、元永本には「おほせられける時に、」とあるとのことです。「…とあり」に敬意を認めるお説、もっともと思えてきましょう。

お尋ねには、その用法が現代語に残っているか、ということでした。現代においては、当代のような書簡の遣《や》り取《と》りはありません。したがって、〈書いて送ってくださった〉というような行為そのものがなくなったのですから、その表現も、消えて当然でしょう。ただ、口頭語の伝達行為については、「と言った。」を「とあった。」と描写した小説などもなくはないでしょう。

電話による伝達をどう表現するかに、古典文の「とあり」が「とある」となって、引き継がれていくことになります。「郷里の母からの電話で、「見合いをしろ。」とあったので、…。」などと言って、上司に休暇を願い出る若者たちがいたのは、何十年も前ということになりましょうか。スマホの時代には、そのような「とある」で構成される表現の素材そのものがなくなりました。

一つ、現代版「とある」が見つかりました。「遺書には、「遺産はすべて福祉施設に寄付する。」とありました。」です。「「休日」とあって、人出が多い。」は、ちょっと用法が違いましょう。

Q28

「御供に、声ある人して、歌はせ給《たま》ふ。」（源氏物語・若紫）の「ある（↓あり）」には、〈優れている〉意があるとされていますが、そのような「あり」として、どのような用例がありますか。また、どうして、そういう意味が担えるのでしょうか。

A28

お尋ねにお引きの用例は、若紫の巻の、紫の上の養育に当たっていた尼君の死後、紫の上を迎え取る手はずも整い、その帰途、内密にお通いになっておられた忍び所の門を叩かせた場面です。この「声ある人」の「あり」は、おっしゃるとおり、〈優れている〉意です。その「声あり」は、成句化していたのでしょうか、時代が下っても、浮世草子に「此ほか天神かこい、見せの声ある女郎ならべて、」（西鶴置土産・2三）という用例を見せます。

「くらもちの皇子《みこ》は、心たばかりある人にて、…。」（竹取物語・蓬莱《ほうらい》の玉の枝）の「心たばかりある」の「あり」も、〈抜きん出ている〉意で、同趣の用法例です。中世にも、その文章には「数ならぬ身にて、世の覚えある人を隔てなきさまに言ひたる。」（徒然草・一一三段）と述べてあって、いま、〈つまらない身分であるのに、世間の評判がよい人を親しい間柄のように言っていること（は、見苦しい）。〉と解されています。そこに見る「世の覚えある」の「あり」も、〈優れている〉と見てよいものでしょう。

近代に入って、尾崎紅葉の「腕に芸のあるのが世を渡るに一番安心。」（二人女房）の「芸のある」の「ある」が、やはり、〈抜きん出ている〉意といえましょう。その「芸のあるのが」の「ある」の下の「の」は、〈生き方〉とか〈人生〉とか、そういう名詞の意味を担っています。名詞は体言ともいいます。その体言に準じたはたらきをするので、このような「の」を準体助詞といいますが、ここで、気づいたことがあります。このような「あり」や「ある」は、連体修飾語として用いられている、ということです。

その〈優れている〉〈抜きん出ている〉対象は、ガ格で示される、ということです。古く、そのガ格は非表出でしたが、その後、この用例のように格助詞「の」で示され、現代語としては、格助詞「が」で示される、ということです。

〈優れている〉対象をガ格で提示し、それを受ける「あり」「ある」を連体形「ある」として、連体修飾語という構文にして、被修飾語となる名詞の有する能力を表現することになるようです。「声ある人」で確かめてみると、〈(歌を歌う)声が優れている〉は、優れている対象の「(歌を歌う)声」がガ格で提示されていて、その「声ある」が「人」の連体修飾語という構文になっていて、被修飾語としての「人」の能力を表していることになります。「芸のあるの」についても、その確認は容易でしょう。「芸の」の「の」は、ガ格で、対象である「芸」を提示し、〈優れている〉意の「ある」の下には準体助詞「の」があって、〈生き方〉を意味しています。

「あり」「ある」にこのような意味が見られるのは、「有」字が担っている〈もっている〉意が発展したのでしょうか。現代の表現でも、「名のある家に生まれたのだから、頑張りなさい。」などと言ったりすると思います。その「名のある」が「有名」を特に意識しているかどうかは、何ともいえません。その「有名」は、『菅家文草』に菅原道真《すがわらのみちざね》も用いており、『史記』にも用例を見る、古代中国語が伝来したものです。「有」字の対となる「無」字が、この場合はみごとに対応して、「無名」という熟語で〈名まえが知られていないこと〉を意味していました。「名も無い〈人〉」も、そういう意味として通用します。漱石の猫の場合の、「名前はまだ無い。」とは違います。

Q29

古典文「山あり。」は、現代文としては「山が[a]ある。」となります。古典文「雨降る。」も現代文では「雨が[b]降っている。」となり、古典文「与作木伐る。」も現代文では「与作が木を伐っている。」となります。a・b・cの「が」は、どう違いますか。

A29

古典文では、ガ格となるところであっても、格助詞「が」は表出されません。現代文では、ガ格となるところには、係助詞「は」「も」を用いるとき以外、格助詞「が」を表出します。お尋ねは、そのような格助詞「が」について、何か、違いはないか、ということのようです。一般的には、いずれも、主語を示す格助詞「が」ということで、そこに違いを求めることはありません。しかし、各文の動詞から見て、その格助詞「が」がどのような主体を示しているかを見たとき、それぞれに違いが見えてきます。

「山が[a]ある。」文についていうと、そのaは、「ある」という存在の主体を示していることになります。「雨が[b]降っている。」文についていうと、そのbは、「降っている」という作用の主体を示していることになります。「与作が[c]木を伐っている。」文についていうと、そのcは、「伐っている」という動作の主体を示していることになります。お尋ねを受けてのお答えは、以上です。

さて、ありがたいことに、今回のお尋ねからは、いろいろなことに気づかせていただきました。お尋ね以前に、あるいは、お気づきだったでしょうか。それは、古典文においては、ガ格は非表出である、ということです。「山あり。」「雨降る。」「与作木伐る。」の各文ともに、そうです。そして、いま確認できた事柄を取り入れて解説すると、それぞれが、存在の主体を示すガ格・作用の主体を示すガ格・動作の主体を示すガ格で、現代文とする際には、そこに格助詞「が」が必須です。一般には、そういうことを改めて学習することはありません。当然のこととして感じとらせているのでしょう。

次に、動詞には、存在を表す「ある」のような動詞と、作用を表す「降る」のような動詞と、動作を表す「伐る」のような動詞があることに気づかされたと思います。一般に、「あり」「降る」は自動詞、「伐る」は他動詞、ということになりますので、その他動詞「伐る」にはヲ格語句が必須となるのだと気づかされます。現代文には、そのヲ格に必ず格助詞「を」が用いられますが、古典文では、非表出の場合も表出の場合もあるようです。

あるいは、ここまでの解説のなかで、どうして古典文「雨降る。」に相当する現代文が「雨が降っている。」なのか、古典文「与作木伐る。」の現代文が「与作が木を伐っている。」なのか、そういうお尋ね、なさりたくなっていらっしゃるのではないでしょうか。実は、現代の実際の表現を見たとき、いわゆる終止形で言い切られる表現が見られなくなってきているのです。そこで、「雨が降る。」「与作が木を伐る。」は、現代語訳文としては避けることとしました。止むなく、「降っている」「伐っている」として、作用や動作が状態として継続している表現としたわけです。

古典文に比べて現代文は、伝達内容に誤解が生じないよう、自然に約束ごとを生み出してきているように思えます。誰《だれ》かが、ガ格を表出しろ、と言ったわけではありません。古典文の存在の表現は「あり」だけでした。その後、「をり」も加わりました。徐々に「ゐる」も存在を表し、現代文では、「いる」「ある」「おる」が存在の動詞です。そして、存在の動詞だけは、現代語としても、終止形で言い切ることができるようです。そして、「ある」など、存在動詞直上の「が」は、存在主体を表すものでした。

Q30

「一軒家がある[a]。」と「別荘がある[b]。」との、a・bの「ある」には、どのような違いが読みとれましょうか。いずれも建造物の存在をいっているのですが、どうも違いがあるようで、しかし、その違いが捉えられません。

A30

ともに背景に空間が感じとれて、そこに建造物が存在している点で共通しています。どのような違いがあるかなどといわれると、一軒家と別荘とを比べてみたくなるようですが、どうも、そういうことではないようです。そうかといって、直ちに「ある」の意味を求めようとすると、ともに建造物なので、〈建っている〉と読みとれて、それ以上、読解の営みがストップしてしまうようです。

まず、「一軒家がある。」から考えてみましょう。一軒家ですから、周囲に家がないことになります。ですから、その場所が特定されて、「山の上に一軒家がある。」とか「村外《むらはず》れに一軒家がある。」とか、また、「野中に一軒家がある。」というような文となるところを、単に「一軒家がある。」といったのであろう、と思えてきます。そういう意識で発話されたり、記録されたりしたものであろう、と思えてきます。実際、そういうことでなかったら、こういう一文が、吾人の言語生活には登場してこないでしょう。その存在に気づいたから、この一文となったのでしょう。

ですから、「駅前に大きなビルがある。」という一文と共通する「ある」と思えてきました。その駅の駅前には、一際目立つビルが建っていて、そのビルに注目されて、そういってしまった場合と共通すると思えてきました。そういって、誰かに注目させる場合もあるでしょうが、それに先立って、まず注目された結果として、そう表現するのでしょう。そうでなかったら、わざわざ「ビルがある。」などといわないでしょう。

このあたりで、別荘は、そうそう誰しもがもっている建造物ではないことに気づきましょう。生活の場としての自宅のほかに、軽井沢とか湯河原とかにもっている建造物です。高額所得の人か、多額の遺産を引き継いだ人か、とにかく、ちょっと特別な人です。ですから、地方で生活している老舗《しにせ》の若主人が、東京にマンションの一部屋を買い求めたとしたら、「東京にマンションがある。」ということになりましょう。

そのマンションも、「一つ先の角にマンションがある。」だったら、「駅前に大きなビルがある。」の「ある」と同じことになってしまいます。「山の上に一軒家がある。」の「ある」と同じことです。そのaの「ある」は、〈(空間を背景に…が)存在している〉ということになります。

東京にマンションの一室をもっている、あの老舗の若主人を思い浮かべてください。「東京にマンションがある。」と言っていたのを思い出してください。その「ある」は、「軽井沢に別荘がある。」と言っていた、あの「ある」と同じです。そのbの「ある」は、〈(生活の場とは別の建造物を)所有している〉ということになります。

ただ、右のa・bの「ある」の意味は、お尋ねに素直に応じてお答えしたもので、「ある」そのものが内在させている意味ではありません。周囲の表現が、「ある」にそういう意味を担わせていたのです。

Q31

「一軒家がある。」の「ある」でも〈もっている〉意を表す場合があり、「別荘がある。」の「ある」でも〈建っている〉意を表す場合がある、といわれました。どういう「一軒家がある。」なのか、どういう「別荘がある。」なのか、教えてください。

A31

近年の国語辞典などには、動詞「ある」「する」などについては、どういう場合にはどういう意味を担っており、別のどういう場合にはどういう意味を担うことになるか、というような説明をしているものが多くなりました。そのような説明が入っていると、つい、そのそれぞれの担っている意味を「ある」や「する」が内在させている語義のように思い込んでしまうことがあるようですが、それは、大きな誤りです。そのような「ある」や「する」の周辺の表現が、その「ある」や「する」にそういう意味を担わせているのです。

さて、お尋ねは、A_{30}にご不満をお感じになってのものでしょう。ただ、そのA_{30}は、Q_{30}に素直に反応させていただいたものです。Q_{30}が、そういうAを期待していると感じとれたからです。今回のQ_{31}は、A_{30}を受けてのお尋ねです。本来、私どもは、「一軒家がある。」の「ある」にも「別荘がある。」の「ある」にも、どちらにも、〈建っている〉意のことも〈もっている〉意のことも「ある」と認識していなければならなかったのです。そもそも、どのような「一軒家がある。」文であっても、どのような「別荘がある。」文であってもよいことを前提にしていなければならなかったのです。

では、今回のお尋ね、というか、「一軒家がある。」をどういう文に用いたら、その「ある」が〈もっている〉意になるか、「別荘がある。」をどういう文に用いたら、その「ある」が〈建っている〉意となるか、という、その要請にお応《こた》えしてまいりましょう。A_{30}では、〈存在している〉意の「ある」と〈所有している〉意の「ある」としてきましたが、〈建っている〉と〈もっている〉としてのお尋ねは、日常表現として、いっそう適切でしょう。このような問題、というか、事柄、というか、日常生活のなかで認識していきたいと思います。

「一軒家がある。」の一軒家が祖父から譲り受けたもので、現在は、自分の所有物件であったとします。そこで、「私には、祖父から譲り受けた一軒家がある。[c']」と言ったとしたら、そのc'「ある」は、〈もっている〉意となりましょう。その一軒家が自分でやっと手に入れたものであったとしても、同じ構造物でしたら、その「ある」は、同じく〈もっている〉意を担うことになります。「私には、やっと手に入れた一軒家がある。[c'']」です。でも、「あの山の上に、祖父から譲り受けた一軒家がある。[c''']」だと、その「ある」は、〈建っている〉意となってしまいます。c'・c''の「ある」が、その具体的なお答えの用例文です。

「別荘がある。」の、その別荘の瀟洒《しょうしゃ》な印象に惹《ひ》かされて、「岬の突端に瀟洒な別荘がある。[d']」といおうとした、のであったとします。すると、その「ある」は、〈建っている〉意となります。そして、文構造が同じであったら、「岬の突端に、荒れはてた別荘がある。[d'']」でも、その「ある」は、〈建っている〉意を担っていることになります。しかし、「私は、箱根に別荘がある。[d''']」ですと、その「ある」は、〈もっている〉意を担っていることになります。d'・d''の「ある」が、その具体的なお答えの用例文です。このQ_{30}・A_{30}／Q_{31}・A_{31}は、小学校の中学年・高学年のお子さま向けとして、作問してみました。

Q32

妻は、当然、人間ですから、「妻がいる。」といいます。でも、時に、「妻がある」というような言い回しを耳にしたりすることがあったりします。どういう場合にそういう言い方をすると認識したらいいでしょうか。

A32

おっしゃるとおり、人間ですから、その存在は「いる」で表現することになります。それは、夫の場合であろうと、変わりありません。その妻や夫が、それぞれの夫や妻からどう遇されるようになった場合にそう言われるか、情況を思い浮かべてみましょう。お尋ねにおいても、その「妻がある」については、句点（。）が打ってありませんでした。それは、そこで言い切られる表現ではないことを意識してのことではないか、と思いました。

あるいは、これから紹介する「妻がある」を用いる場合というのは、限られた一情況かもしれません。しかし、近年では、このような場合にしか、その「妻がある」を用いる用例は見られなくなっていましょう。それには、その妻から見て夫に当たる男性が関係します。その夫が、ちょっと世間に知られた存在であって、いわゆる不倫問題を起こしたような場合を想定してください。そういう事件を記事にする週刊誌などを考えてみてください。

〇〇市長とか、△△町議とかが、「妻があるにもかかわらず、三年も前から、自身の事務所の所員である女性と生活を共にしていた。」などといった記事、極めてしばしば見ているところではないでしょうか。近ごろは、そういうところまで「妻がいる」になっているようにも思えますが、とにかく、そのような言い回しにすることで、それらしい印象を与えようとする姿勢が残っていることは確かです。人間の存在をいう「ある」については、なお幾つかあって、いずれも微妙な意味を担っていますが、この

「妻がある」については、このような情況のなかで、その妻という立場の存在を強く印象づけている、と読みとることができましょうか。

類似の情況としてですが、さきごろ、某代議士の二重結婚というか、そういう、事件といってよい話題がありました。ハワイかどこかで、挙式までしてしまった、という、あの記事、その妻に当たる方についてては、どう表現されていたでしょうか。それを受けて、話題にして取り上げた折、その妻に当たる方の存在を、職場の方々と、どう言っていたでしょうか。サークルのお仲間と、どう言っていたでしょうか。

このような「妻がある」の「ある」は、近年、「いる」に言い換える方向にあるようですが、ただ、この「ある」は、単に存在をいう「ある」ではなかったのではないか、とも思っています。所有を表す「ある」で、しかも、〈(一般よりも)多くもっている〉意を担う「ある」なのではないか、と感じています。ですから、「(妻以外に)女がある」というのなら、まだ許されましょうが、その「ある」の意味から考えるなら、「妻がある」は許せない表現である、ともいいたくなるでしょう。女性問題として研究する「ある」という動詞の問題、ということになりそうです。

用例数としては、「妻があるにもかかわらず、」のほうが多いでしょうが、ニュースとしてのショック度は、「夫があるにもかかわらず、」のほうでしょうか。いや、そういう受けとめ方が、女性に対して失礼なことと、いま、気づかされました。お詫びいたします。

かつて聞いた「女がある」「男がある」とも、いま頻りに聞く「母がある」「父がある」とも、ちょっと違う「妻がある」「夫がある」表現でした。

Q33

「女」とするか、「女性」とするか、その表現に悩むことがあります。さて、その「女」を用いて、「女がある」ということがあります。その「女がある」は、どういう「女」がどのような関係にある場合についていったのでしょうか。

A33

どうでしょうか。現代人は、もう、成人女子を「女」とはいわなくなっているのではないでしょうか。「女」を用いるのは、その「女がある」ぐらいかと思っています。いや、その「女がある」も、近ごろは、その「ある」を「いる」というので、「女がいる」ということになりそうですが、そうなると、もう「女」は当たらないので、その「女」は、どういわれることになるのでしょうか。

「女がある」がまだ時折聞けたころ、その「女」には、〈情婦〉という訳語が当てられていました。いや、むしろ、「情婦《おんな》」というように表記されていました。ですから、「オンナがある」は、「情婦《おんな》がある」だった、といってもいいでしょう。それは、陰口として、こっそり話す場での表現でしたから、「どうも、親分には情婦《おんな》があるらしいぜ。」とか「あそこの兄貴にも情婦《おんな》があるとの話だぜ。」とかいうような、推定や伝聞として言っていたようにも思えてきます。

近年、「女」を用いることがなくなってきた背景には、そのような「情婦《おんな》」が与える印象もあったでしょうか。「極道のオンナ」は、わざわざ断らなくても、「女」よりも「情婦」と書いてしまう人のほうが多いかもしれません。さらに、「女をつくる。」とか「女を囲う。」とかいう、その関係も表現も、「女」という語を忌避させたでしょう。

いま、一般には、広く「女性」といいますが、その出自は、よくわかっていません。中世末の『文明本節用集《せっちょうしゅう》』という国語辞書には、「女性《にょしょう》」という呉音読みの語が存在しますし、一定の用例を見ますが、漢籍・仏典に由来する語ではありません。幕末の一八六七年に成って、明治五（一八七二）年に再版されたヘボンの『和英語林集成』に、文法上の性の別として「ジョセイ」が載っていて、faminine gender の訳語でした。それが一般化したとも、さきの「ニョショウ」が、漢音で読まれたともいわれています。明治の用例を見ると、若い女性にしか用いていません。でも、いまは、その「女性」が一般的な言い方でしょう。「女子」が〈女子生徒〉の意だけで多く用いられもしましたが、『論語』の「女子と小人とは養い難し。」が気になって避けた方もいらっしゃったかもしれません。

いま、改めて思うと、「女がある」といわれるような女性も限られてきて、したがって、その「女がある」というような表現を最近の人は聞かなくなってきていると思います。それだけに、その「女がある」の「ある」の印象を述べておこうと思います。昭和の初めごろまでは、大店《おおだな》の主人などは、お妾《めかけ》さんをもつことで一人前とされてもいたようです。そういう旦那衆のことを、「みんな、お妾さんがあるんだってさ。」などと言っていたようです。「女がある」の「ある」も、「お妾さんがある」の「ある」も、〈もっている〉という意味を担っているように感じとれたのです。結婚することを「嫁を貰《もら》う」といい、その若主人を「女房もち」になった、といっていた時代です。女性を所有物と見ていた時代の表現ということになりましょう。人間の存在をいう「ゐる」が成立し、「いる」となったことで、無生物の存在をいう「ある」を採用して、その人間無視の取り扱いを表現させた、ともいえましょう。そして、徐々に、その非に気づかされた、ともいえましょう。

Q34

ご自分の親御さんのことを「母がある」と言っている場面に出会いました。そのお母さまは、認知症でいらっしゃいます。そうおっしゃった息子さんが、平生は理想的な言葉遣いをなさるだけに、どう解したらよいか、悩んでいます。

A34

その息子さん、というより、そのお宅は、言葉遣いだけでなく、理想的なご家族だ、というのですね。町会の行事にもご家族こぞってご協力なさっていらっしゃって、その息子さんであるご主人が会社もご停年ということで、次期町会長を引き受けてほしいと、皆さんでお願いに行ったのですね。すると、「実は、認知症の母があるもので、…。」というご挨拶だった、というのですね。

外にはお見せにならなかった、そのご家族のお悩みは、認知症とはいえ、そのお母さまのお気持ちを考えて、施設にお預けにならないで、ご家族でお世話なさっていらっしゃったことにあるのでしょう。そこで、そう言ってお断りになろうとなさったのでしょう。確かにまだ一緒に寝起きしているのですから、「いる」とどうして言わないのか、とも思えてきます。でも、もう意思ある存在ではなくなっていましょう。

この場合の「母がある」は、単に意思ある存在でなくなっているとか、だから人間として扱えなくなっているとか、そういうことではないでしょう。〈そういう母を抱えておりますもので、…。〉という苦慮をどう訴えたらよいであろうかという思いが、そうさせたように思えてきました。「認知症の母が」が、その瞬間、「言い知れない苦しみが」に転換されていて、「いる」が「ある」に転換してしまっていた、と見えてきました。

さらに、また、このご挨拶は、町会長のお願いにいらっしゃった皆さんに、その息子さんがお気を遣われた結果でもあろうかとも見えてきました。「実は、認知症の母がいるもので、…。」では、その「いる」が発信する人間存在の表現が、人間尊重を押しつけることになりましょう。その押しつけを遠慮して、配慮した結果のようにも思えてくるのです。町会の皆さんへの配慮としての、いうならば、謙譲表現の意識です。

　人間存在は「いる」である、といっていても、その人間に連体修飾語が冠せられたとき、その連体修飾語によっては、「いる」でなく、「ある」を用いてしまうことがあるようです。「その案件については、反対の人がある。」などです。多くは、そのように、ネガティブな連体修飾語のようにも思っていますが、時に、「文化祭実施に賛成の人があるので、もう一度検討してください。」などです。この場合は、文化祭実施に多くの人が反対して、本年度は実施されないことになったが、あまりにも残念だと、再度の検討を要請した声です。どうも、特殊な存在をそれと認識したとき、そういう物言いをしてしまうようです。さて、このお尋ね、「認知症の」という連体修飾語が、もはや、特殊ではなくなってきている昨今ですが、しかし、それを特殊と感じるのは、その息子さんの意識でしょうので、どうともいえません。

　人間存在がもっぱら「ゐる」「いる」で表現されるようになってから、既に六百年を越えています。しかし、時に、こうして、「ある」を用いてしまうこともあるのです。微妙な何かを伝えようとしたものと見たいと思います。

Q35

「今日、音楽会がある。」「午後、会議がある。」の「ある」は、どんな意味を担っていると見たらよいでしょうか。また、それら「ある」は、どういう条件のもとで用いられるといったらいいでしょうか。併せて、そのような「ある」の歴史も教えてください。

A35

早速、どういう意味を担っているかから、お答えしてまいりましょう。「音楽会がある。」も「会議がある。」も、〈催される〉とか〈行われる〉とかを、その担っている意味としてよいでしょう。「研究会がある。」「鑑賞会がある。」「打ち合わせがある。」など、みなそうです。これら用例文を見たとき、「今日、」とか「午後、」とか、また、「明日、」でも「明後日、」でもいいのですが、とにかく、その開催日時のようなものを特定しないと、一文として完備したものになりません。時間的な条件が必須ということでしょうか。

時間的な条件が必須のようですので、その「ある」に過去の助動詞「た」を付けてみることにしてみます。「音楽会があった。」「会議があった。」です。すると、そこに過去の時間を明示する「昨日、」とか「午前中に、」のような語句が、これまた、必須となるようです。「昨日、音楽会があった。」「午前中に、会議があった。」です。〈昨日、音楽会が催された。〉〈午前中に、会議が行われた。〉です。

〈催される〉〈行われる〉意の動詞「ある」には、時間的な条件を背景にして用いられることが確認されました。その「ある」は、未来のことにも過去のことにも用いられますが、どうも、現在をいうことはできないようです。現在は、とにかくとして、過去・未来という時間的な条件のもとに用いられる、といっていいでしょう。この機会に、「ある」には、空間的な条件を背景に必須とする用法があることに触れておきましょう。それは、「ある」の、単独での基本的な用法のものでした。〈存在する〉意の、「ある」でした。A1で学習しました。これまでに、多様な「ある」との出会いがありましたが、このような、用法を見分ける視点に気づく目を鍛えるよう努めましょう。

　さて、併せてのお尋ねにお答えしてまいりましょう。このお尋ね、〈催される〉〈行われる〉意の動詞「ある」が、「音楽会が」「会議が」などの述語であるところから、このような用法の「ある」は、近現代の「ある」の用法、とお思いになったのではないでしょうか。確かに、この用法の多くの用例は、近現代になってからといっていいでしょう。でも、古く、中古の、あの『源氏物語』にも見られました。「一年《ひととせ》の春宮《とうぐう》の御元服、南殿《なでん》にてありし儀式のよそほしかりし御ひびきにおとさせ給はず。」（桐壺）は、光源氏の元服を述べるところで、その兄に当たる春宮のご元服の儀式を引いて、その立派さに劣らない、立派さであった、というのです。〈南殿で行われた儀式…〉と読みとるところです。

「あり」から「ある」への語義の変遷の整理は、『日本国語大辞典 第二版』などを見ても、まだまだ不十分です。それに、この〈催される〉〈行われる〉意味のものについても、急にその意味の用例が現れるわけではありません。ある意味の用例が少しずつずれて新しい次の語義を派生するのでしょう。

　ただ、ここで、ちょっと注目しておきたいことがあります。それは、いま、この「あり」「ある」の訳語として引いた〈行われる〉です。その古典語が、同じ『源氏物語』に「「…、仁王会《にんわうゑ》など行はるべしとなむ聞こえ侍《はべ》りし。…。」とて、…。」（明石）とあったのです。「仁王会などあるべし」ともいえたのでしょうか。微妙な違いがあるのでしょうか。be heldに当たるところです。

Q36

「（いま）一万円ある。」とか「（預金が）五百万円ある。」とかなど、お金を〈もっている〉意の「ある」がありますが、「お金がある」の「ある」は、それらの「ある」とは違うように思えてなりません。そう感じるのは、間違いでしょうか。

A36

「（いま）一万円ある。」だけでは、場面がよく見えてきませんが、その「ある」は、おっしゃるとおり、〈もっている〉意を担っていると思えてきます。そこで、「（俺《おれ》は）一万円ある。」と「（ぼくも）五千円ある。」とにしてみますと、少し場面が見えてきて、拠金を呼びかけられたときの応じた声とも、飲みに行こうと誘われたときの応じた声とも、その他、幾つかの場面で発せられた声とも、聞こえてくるでしょう。このあたりで、ここに見えてきた「ある」は、〈もっている〉意のうちの〈所持している〉意と見えてきました。

〈もっている〉意を担う「ある」として、「住む家がある。」「土地がある。」「庭がある。」の「ある」がありました。漠然と空間が背景にあって、しかし、単に存在するだけでない家や土地や庭は、いずれも、「自分の」が、これまた漠然と冠せられていて、〈もっている〉意の「ある」であることがあります。「別荘がある。」の「ある」も、そうでした。この〈もっている〉意は、このあたりで、〈所有している〉意として、再認識されます。いわゆる不動産については、〈所有している〉意の〈もっている〉意であった、と気づくことになります。

ここで、金額の少し大きめな資産について、どう表現するかが気になりました。おっしゃる「（預金が）五百万円ある。」です。「（株券など、金融資産が）二千万円（ほど）ある。」なら、この問題を考えるのに、もっといいでしょう。こちらは、家とか土地とかいう不動産に対して、動産です。金融資産です。

動産も不動産も、そういう資産は、〈所有している〉意の〈もっている〉意ということになりましょう。

さて、「お金」ですが、接頭語の「お」を除いた「金」は、早くも、あの『竹取物語』に見ることができます。「「もしかね賜はぬものならば、かの衣の質《しち》返したべ。」と…。」（火鼠《ひねずみ》の皮衣）で、火鼠の皮衣を送ってよこした王けいから右大臣阿倍御主人《あべのみうし》に宛《あ》てて送られた書簡の末尾の表現です。その「お金」は、現在、小銭を指してもいい、また、纏まった金額の場合にも用いています。改めていうまでもなく、「お金がある。」の「ある」は、〈所持している〉意の場合も、〈所有している〉意の場合も、ともにある、ということになります。ただ、お尋ねは、それらとは違う、さらに別の意味が感じとれる、とおっしゃりたいのでしょう。

「彼は、金があるだろう。」とか「あの方は、お金があるらしい。」とか、そういう推定の表現に見る「お金がある」には、〈お金を十分にもっている〉意が感じとれてくる、とおっしゃりたいのだと思います。「彼は、金がある。」というように、そこで言い切れないこともないでしょうが、それは限られましょう。「金がある人」とか「金がない人」とかいった捉え方の、その「金がある」は、〈お金の面でゆとりがある〉ぐらいの意で用いていましょうか。「お金がある」には、いま、単に所持したり所有したりしているだけでない意味も託されようとしているようだというあたりが期待なさるお答えとなるのでしょうか。

Q37

「あと二時間ある。」や「もう五分ある。」など、「ある」は時間に関係します。「時間がある」にも似た意味もあるようですし、違う意味も感じられます。「ややあって、…。」も、時間に関係します。これら「ある」の認識のしかた、教えてください。

A37

お尋ねにお示しの用例、確かに時間に関係する「ある」ということになりましょうが、用法を同じくするものばかりではないでしょう。正直なところ、ご期待にお応《こた》えすることはできないようです。わかるところとそうでないところを、はっきりさせるようにいたしましょう。

「あと二時間ある。」や「もう五分ある。」の「ある」は、時間の数値に関係しています。「敷地は八十坪ある。」も「体重が七十キロある。」も「高さは五十メートルある。」も、いずれも、その〈広さや重さや高さがある〉ということで、その「ある」は、〈(を)もっている〉とも〈(が)認められる〉とも言い換えられます。そこで、この「あと二時間ある。」や「もう五分ある。」は、その数値に相当する〈時間をもっている〉とも〈時間が認められる〉とも、さらには〈時間が残っている〉とも、言い換えられましょう。お尋ねの「あと二時間ある。」や「もう五分ある。」については、この数値によって物理的な属性を有していることの表現といえましょうか。

いま、その数値を示している「ある」として整理してみましたが、この時間の数値は時間の長さ、ということでした。そこで、その長さについては、当然、空間的な長さが対比されます。「あと二千メートルある。」や「もう五十メートルある。」です。それらは、到達地点までを暗に背景に意識しています。その点で、「あと二時間ある。」や「もう五分ある。」にも、開始時間までや、終了時間までが暗に背景に意識されていたからでしょう。現在、吾人に時間的な長さが認識されたとき、そこに「ある」を用いて表現することができるのは、そのような用法が一定の定着を見せているからである、といえましょう。

さて、人間は、空間的にも時間的にも拘束されて生きています。殊に、現代にあっては、時間の拘束は厳しく、そこから時間を所有する感覚が生まれてきているようにも思えます。さきの「あと二時間ある。」などから「時間がある」が、その所有している時間を表現する表現として登場することになったのでしょうか。「空間がある」ともいいますので、〈隙間《すきま》が空いている〉場合などに用いてきた背景があるのでしょうか。とにかく、「スペースがある」といえます。そして、その「時間がある」は、〈時間が十分にある〉意味にも用いる場合があるようです。「金と時間がある暮らし」といったりする「時間がある」です。その「時間がある」は、〈時間に余裕がある〉をいうことになりましょう。「スペースがある」にも、〈空間に余裕がある〉が感じとれましょう。

「ややあって、次の発言があった。」などの「ある」も、〈(時間が)経過する〉意で、おっしゃるとおり、時間に関係する「ある」ということにはなりますが、この「ある」は、これまた、おっしゃるとおり、まったく違う「ある」でしょう。その副詞「やや」は、「ややもすると、」などとも用いられ、その時間の経過を「する」でも表現するところから、「する」とも違う「ある」というように感じられます。「しばらくして、」を「しばらくあって、」ということがありましょうか。この用法だけでなく、古典文には、時間と関係するところに見る「あり」が幾つかあります。今回のお尋ねには、お示しの用例について、知るところを申し上げるだけでお許しください。

Q38

「地震がある。」とか「台風がある。」とかなど、天災などについていう「ある」は、どういう意味を担っていると見たらよいでしょうか。このような用法は、どういう用法から発生し、どういう用法を派生しているのでしょうか。

A38

「地震がある。」や「台風がある。」は、おっしゃるとおり、天災が〈発生する〉とか〈起こる〉とかした場合の表現ということで括《くく》るのがよいでしょう。その「ある」が担っている意味は、いま申し上げたように、〈発生する〉とか〈起こる〉とかいうことになりましょう。「津波がある。」とか「土砂崩れがある。」という表現も、同じ用法の「ある」を用いていることになります。

天災だけでなく、人災に当たる災害についても、「火事がある。」「車の衝突がある。」「航空事故がある。」のようにいいます。さらに、犯罪としての事件についても、「殺人事件がある。」「強盗事件がある。」というようにいうと見てよいでしょう。さらに、また、「騒動がある。」「戦闘がある。」、そして、「戦争がある。」ともなるように思います。

地震のことを和語の古典語では、「なゐ」といっていました。その「なゐ」は、動詞「揺《よ》る」や「震《ふ》る」を伴って、〈地震が起きる〉意を表していました。漢語「地震」は、古代中国語で、『正倉院文書』や『文徳実録』など、奈良時代の古記録には見ることができます。そして、『今昔物語集』には、「既ニ、形ヲ写シ畢《ヲハ》ル時ニ、大キニ地震有リ。」(⑫・三四・書写の山の性空聖人《しゃうぐうしょうにん》の語《こと》)とありました。その「地震」は、「なゐ」という和語として訓《よ》んでいます。「なゐあり」です。ただ、この表現は、漢籍の表現をそのまま採用したもので、例えば、中国の戦国時代の歴史書に「有二地震一。」(国語・周語上)とありました。現代日本語の「地震がある。」は、ここから来ているといっていいでしょう。ただ、あのローマ字資料には、

「Gixinga（ヂシンガ）スル」（日葡辞書）とありました。「あり」と「す」とは、交渉を繰り返していると、いえましょう。

「地震がある。」の「ある」は、漢籍の「有□。」に遡《さかのぼ》れるわけですが、その一群の「ある」は、和文に見られる「あり」とは、どう結びつくのでしょうか。予期しない天災・人災と突然、出会うことになって、その天災・人災をそこに認識して、〈存在する〉と受けとめたのでしょうか。それとも、もっぱら、漢籍の訓読文からだけ導入されて、ここまでの広がりを見せてきたのでしょうか。とにかく、現在、それら「ある」は、〈起こる〉〈発生する〉意として定着しています。

『建礼門院右京大夫集』に、「いづれの年やらむ、五節《ごせち》のほど、内裏近き火の事ありて、…。」（一二・燃ゆるけぶり）とあります。〈火事があって、〉ということです。「火事がある。」の中世の用例ということになります。その災難は、『徒然草』に見る「障ることありて、まからで。」など書けるは、「花を見て。」と言へるに劣れることかは。」（一三七段）の〈支障がある〉ともなっていった、といえましょう。和語の詞書《ことばがき》に、「花見に出かけたところ、もうすっかり散ってしまっていたので。」とも、「支障があって、出かけないで。」などとも書いてあるのは、「花を見て。」と書いてあるのに、劣っているといえようか、いや劣っていない、と述べているところです。

以上で、「地震がある。」の前後が、いくらか見えてきましたでしょうか。

Q39

「思い出がある。」／「アイデアがある。」／「悩みがある。」の、それぞれの「ある」は、どう言い換えるのがよいでしょうか。その際、それぞれの類例も挙げてください。また、それぞれの表現は、どういう点で共通しているといえましょうか。

A39

よく整ったお尋ねで、驚いています。現行のどんな国語辞典を見ても、このような共通性を見通して纏めてくれてある、「ある」の説明はないでしょう。ここで、その存在が認識された対象は、すべてが抽象概念であって、目で見ることのできないものばかりです。もう、最後のお尋ねの一部に答えてしまいました。

まず、「思い出がある。」という表現について、A群とすることにしましょう。「記憶がある。」などが、類例ということになりましょう。このA群の「ある」は、過去のある段階で自身の大脳が受けとめた精神作用が、いまも〈残っている〉意を担っているといえましょう。

次の「アイデアがある。」という表現について、B群とすることにしましょう。「着想がある。」「プランがある。」「計画がある。」「企画がある。」なども、類例ということになりましょう。そのB群の「ある」は、いまさっき自身の大脳で思い描いた精神作用が、その後も〈思い描かれている〉意を担っているといえましょう。プレゼンの直前などの情況でしょう。

最後の「悩みがある。」という表現について、C群とすることにしましょう。「苦しみがある。」「苦悩がある。」なども、この類例ということになりましょう。そのC群の「ある」は、過去のある段階で自身の大脳で思い悩ませられた精神作用を引き続いて〈抱えている〉意を担っているといえましょう。

A群・B群・C群の、それぞれの「ある」についての言い換えや、その説明が、それで十分であるとはいえませんが、とにかく、お答えをいたしました。そこで、それら三群の「ある」によって認識された存在の対象が、抽象概念である、ということを既に確認してきています。それら抽象物は、自身の大脳において営まれた精神作用が、そのまま現存している大脳の営みです。その「ある」が、〈現存している〉意を担っている点で共通しています。

右の、三群の「ある」が共通して担っている機能の説明も、十分とはいえなくても、おおよその担っている機能は捉えられていると思います。何よりも強く認識したいのは、その現存する対象が抽象概念である、ということです。さらにいえば、精神作用の営みであるということです。目に見えない心のはたらきであるということです。お答えは、以上です。

そこで、この機会に、「あり」「ある」の存在の対象が、抽象概念である表現について拾い出してみましょう。『万葉集』にも「雲だにも心あらなも」（一一八）とあって、〈気持ちをもってい（てほしい）〉ということです。その「心あり」は、いま、「心がある」となって用いられています。諺《ことわざ》に「楽あれば、苦あり。」といいます。「楽」も「苦」も、抽象概念の漢語です。近世に始まるもののようです。その「楽」から「喜怒哀楽」という、人間感情をいう四字熟語が浮かんできますが、「喜びがある。」「怒りがある。」「哀《かな》しみがある。」ともいっているようです。ここで、その昔、大津美子《よしこ》が歌った「ここに幸あり」が思い出されました。高橋掬太郎作詞でした。昭和三十一年でした。「情《じょう》がある。」と「情けがある。」とでは、どちらが先に現れたのでしょうか。「悔いがある。」の古典文として、「死（ニ）テ何ノ悔（イ）カアラムヤ」（『大唐西域記《だいとうさいいき》』長寛元年点）がありました。訓読文に見る用例でした。

Q40

「心ある人」などといいます。その「心ある」は、「心がある」の古い表現でしょうか。古典語「心あり」や現代語「心がある」は、多様な意味があるようですが、どうしてでしょうか。

A40

「こころ」の語源は、不明です。そして、〈心臓〉や〈胸〉という身体部位も意味しています。しかし、その他の多くの意味は、抽象概念です。〈精神〉〈意識〉や〈心構え〉〈気構え〉、また、〈意図〉〈意志〉、〈気立て〉〈性向〉、さらに、〈思慮〉〈判断〉、〈思いやり〉〈情け〉〈愛情〉にまで及びます。いや、〈感情のわだかまり〉〈恨み〉、〈趣向〉〈和歌の情趣〉まで担っているのが、古典語の「心」です。現代語のほうが、それらのうちの幾つかに限られる、といっていいでしょう。そのような多義語の「心」を存在の主体とした「心あり」が多様な意味を表すのは当然でして、どうしてかというお尋ねには、「心」が多義語だからが、そのお答えとなります。改めてのお答えという感じがしませんが、お答えは以上です。

ここで注目したいのは、その「心」が、抽象概念名詞だということです。日本の古典語には、抽象概念語が限られます。漢語の力を借りるほかなかった古典語文においては、連体修飾語にして形式名詞「こと」「もの」で括《くく》るか、連用形名詞の「思ひ」「恋ひ」「悩み」などが、時にそれを補っていたのでしょうか。「心」が多義語とならざるを得なかった理由も見えてきましょう。そういうこともあってか、『万葉集』歌の昔から、その「心あり」が見られるのです。以下、「心あり」の代表的な用例を紹介してまいりましょう。

その『万葉集』には、「三輪山《みわやま》をしかも隠すか雲だにも心あらなも隠さふべしや」（1―八）が見られます。奈良を離れる惜別の情を詠んだ額田王《ぬかたのおおきみ》の作で、〈思いやりがあってほしい。〉と解する「心あり」です。平安時代には、あの『枕草子』に、「ものあはれなる気色《けしき》に、見出《みい》だして、「むべ山風を」など言ひたるも、心あらむと見ゆるに、…。」（一八九段・野分《のわき》のまたの日こそ）とあって、女性がしみじみと感慨深い様子で〈母屋《もや》の〉内から外を見て、「むべ山風を」（という古歌の一節）などと口ずさんでいるのも、〈趣を理解している〉ようだと見えるが、と述べています。

　中世に入って、『徒然草』には、「おほやう、人を見るに、少し心ある際《きは》は、皆このあらましにてぞ、一期《いちご》は過ぐめる。」（五九段・大事を思ひ立たん人は）とありました。大体、世間の人を見ると、少し〈物の道理がわかる〉程度〈の人〉は、皆この〈出家する前に気がかりなことをすべて始末しておこうという〉計画〈だけ〉で一生は終わるようだ、というところです。また、中古の始めに戻りますが、『土佐日記』に、「国人《くにびと》の心の常として、「今は。」とて見えざなるを、心ある者は、恥ぢずなむ来ける。」（十二月二十三日）とありました。〈国守が帰京するときの〉土地の人の心の習いとして、「今は〈離任するのだから、用はない〉。」ということで、〈見送りに〉やって来ないということだが、〈情誼《じょうぎ》をわきまえている〉人は、〈世間体を〉はばからずにやって来た、というところです。

　さて、お尋ねには、現代語の「心がある」とありましたが、この表現、現代語としても「心ある」のままで、対象格の「が」を表出しないようです。「心ある人」とか「心ある計らい」とかいうように、その多くが「心ある」という連体修飾語として現れ、〈情愛豊かな〉とか〈配慮の行き届いた〉とかの意を表します。そういうところから、現在、その「心ある」を連体詞として取り扱うのが一般となっています。

Q41

「花も実もある」とは、どういう意味で、どういう場面で用いる表現でしょうか。また、その「ある」は、どんな意味を担っているといえましょうか。また、時に、「花がある」という表現を聞いたりすることがありますが、関係ある表現でしょうか。

A41

この「花も実もある」という表現は、そう古くからある表現ではないようです。いや、古くに見る用例は、たまたま、一本の木や枝に、花も実もともに付いていた、という比喩で、そこに、花と実が揃っていることを評価した表現、ということのようです。『源氏物語』の「五《さ》月《つき》待つ花《はな》橘《たちばな》の、花も実も具して押し折れるかをり覚ゆ。」（若菜下）で、「花も実もある」とはなっていません。明石の御方が高麗《こま》の青地の錦《にしき》で縁《ふち》どりした褥《しとね》に遠慮がちに座って、琵琶を前に置き、ほんの触れる程度に弾こうとした撥《ばち》さばきを、〈五月を待つ〉花橘の、〈花も実も一緒に〉折り取ったときの芳《かぐわ》しさが感じられる、というのです。

『源氏物語』の、その用例を受けているかどうかは、わかりません。あるいは、もう、諺《ことわざ》性ある表現となっていたのでしょうか。雑俳に「ふるけれど花も実もある娘《こ》が年増《としま》」（たから船）が見られます。さらに、浄瑠璃に「十歳跡を見送りて、エヽ花も実もあるもののふや、万一外の役人ならば、己の粗相を包まんと、何のわけも聞き入れず、今時分は後ろ手に、…。」（檀浦兜軍記《だんのうらかぶとぐんき》）とも見られました。ここに見る用例は、〈外観も立派で、しかも、内容も充実している〉意となっています。前用例は、年増女性、後用例は、武士のことをそういっています。そう評価できる年増女性であり、そう評価できる武士ということになります。

近現代の用例は、もっとあっていいようにも思いましたが、『日本国語大辞典 第二版』にも、小田実の作品に「あれはあれで、愛嬌もあり花も実もある言い方なんですな。」（羽なければ）だけでした。ここでは、「言い方」という、もの言いについて、そう評価している表現でした。どうも、この表現は、話し言葉のなかで、しかも、連体修飾語として用いられることになってしまっているようです。ただ、連体詞とするには、ちょっと長すぎる語句です。時代劇の大岡越前や遠山の金さんが浮かんできました。「花も実もあるお裁き」です。どうも、その後、単に〈外観ばかりでなく、内容もすぐれている〉意だけでなく、〈情理ともに備わっている〉意となってきてもいるようです。

そこで、「花も実もある」の「ある」について注目しましょう。この表現、そもそも、「花も実も具す」でした。その「具す」は、〈あるべきものが備わっている〉意の一字漢字サ変複合動詞です。そして、現代に至っての「花も実もある」の「ある」も人情も道理も〈ともに備わっている〉でした。繰り返すことになりますが、ここの「ある」は、〈備わっている〉でした。

さて、「花がある」ですが、これは、〈〈同類のものがたくさんあるなかで〉一際《ひときわ》目立つ存在である〉ということでしょう。「花」が、〈花のように美しいもの〉から、〈際立って美しいもの〉へと、さらに前進したのでしょう。そこから、〈引きつける魅力〉をいうことになったのでしょう。いや、〈惹《ひ》きつける魅力〉としたいと思います。したがって、「花も実もある」とは違います。〈外観〉ではありません。したがって、「花がある」という表現は、「花も実もある」の「花」とは、関係ありません。「花がある」の「ある」は、〈感じとれる〉というようなところでしょうか。

Q42

『竹取物語』に、「三日ばかりありて、」（蓬萊《ほうらい》の玉《たま》の枝《え》）とあります。時間に関係する「あり」ですが、「時」に「あり」が付いた「時あり」は、まったく違うようですし、和歌に見る慣用句「時しもあれ」も大きく違います。それぞれ、適切に認識させてください。

A42

「三日ばかりありて、」の「あり」は、〈経過する〉意の「あり」で、現代語「ややあって、」の「ある」と同じ用法の用例です。A37で触れました。時間に関係する「あり」ではあっても、この用法は、そこに三日という時間が存在することで、結果として時間の経過が読みとれた、ということでしょう。

それに対して、「時あり」は、「時」という抽象概念名詞の概念がどうである場合の「あり」であるかによって、その意味するところが違ってきます。その一つが、〈時節〉という「時」の場合です。その「あり」は、〈到来する〉意を担うことになります。「時ありて花も紅葉もひと盛りあはれに月のいつも変はらぬ」（風雅和歌集17一六八三）の「時あり」です。いま一つは、その「時」が〈好機〉の意になってしまっている場合です。その結果として、「時あり」そのものが〈栄える〉意となります。「あり」の担う意味に変わりはないのですが、「時あり」という慣用表現としての熟合度が高まります。『栄花物語』の「時あるも時なきも、御心ざしこよなけれど、」（月の宴）です。村上天皇が大勢の女御《にょうご》・御息所《みやすんどころ》にお気遣いになっていらっしゃったことを述べているところで、〈栄えている方（にも、そうでない方にも）〉ということで、〈ご寵愛の方（にも、そうでない方にも）〉ということになります。その「時なき（方）」にも、注目しておきましょう。

さて、和歌の慣用連語「時しもあれ」については、その担う意味だけでなく、その「あれ」の活用形が何形であるかなど、幾つか確認しなければならないことがあります。まず、その「時しもあれ」をどう現代語に言い換えるか、です。『大言海』などが、そう訳していたからでしょうか、数十年前までは、〈時こそあれ〉と訳していたものが多かったように思います。ただ、その訳の意味が、一般には理解できないわけです。そこには、逆接の意味が読みとれるのですが、それは、一般の人には無理なことでした。やっと現れた訳か〈折も折〉でしたが、それでも十分には理解できないようでした。いまでは、〈ほかに時もあろうに、あいにく〉ぐらいの訳となってきていましょうか。

つまり、この「あれ」には、逆接性が読みとれるのです。已然形だけで、そのような機能が担えた時代があって、それが、この慣用連語には残ったのでしょう。そこで、〈時もあろうに、あいにく〉の、その逆接の「に」があることになるのです。ところが、「あれ」には、放任の意を表す命令形の「あれ」も時々現れますので、曖昧な訳出をするものなどもあったわけです。その後、「時しもこそあれ」というような、係助詞「こそ」を挟んだ表現までが生み出されてしまったりもしました。長く、その「あれ」の活用形を、古語辞典類も明示しませんでした。実は、「「時しもあれ」の「あれ」の活用形」という論題で、拙著『和歌構文論考』（新典社・平成二十六年）に収録してあります。

その「時しもあれ」は、和歌の初句に用いられ、約音化して「時しまれ」となってもいました。その「時しもあれ」から「折しもあれ」が生まれ、さらに、「時しまれ」からは、「君しまれ」「秋しまれ」が生まれていました。活用語の活用という機能は、日本語のなかでの大きな機能です。その活用形のために活用語を採用する必要が生じたとき、「す」「する」を用いるか、さもなければ、「あり」「ある」を用いてきています。「時」が伴う「あり」には、そういう事情があるものといってよいでしょう。

Q43

断定の助動詞「なり」は「にあり」が約音化したもの、と聞いています。『万葉集』歌に見る「家にあれば笥《け》に盛《も》る飯《いひ》を…」(2一四二)と「…立つ霧の思ひ過ぐべき恋にあらなくに」(3三二五)との、どちらが「なり」となるのでしょうか。

A43

断定の助動詞「なり」は、そのとおり、「にあり」の「にあ」が「な」という一音になったものです。その「なり」は、現代語の「だ」や「である」となります。したがって、断定の助動詞化する「にあり」であるかどうかは、「である」に言い換えられるかどうかで確認するのがよいでしょう。用例としてお引きの『万葉集』歌の時代には、一語化しているものと、一部に一語化しないものとが併せ用いられていました。

「家にあれば笥に盛る飯を」の「にあれ（↓にあり）」は、「に」が場所を示す格助詞で、そこに、この詠者が〈いる〉ことを「あれ（↓あり）」で表しています。この用例は、断定の助動詞「なり」とはならない「にあり」です。

「立つ霧の思ひ過ぐべき恋にあらなくに」の「に」は、「思ひ過ぐべき恋」に付いていて、続く「あら（↓あり）」と結びついて、「なら（↓なり）」となる「にあら（↓にあり）」です。〈(すぐ消えるような恋)で（はないことだのに）〉と読みとるところです。「にあら」に続く「なくに」は、打消の助動詞「ず」の古い未然形「な」に名詞化する接尾語「く」と助詞の「に」が付いたものです。本来は、〈…恋であらないことだのに。〉と訳すことになるところですが、続く「ない」が、上の「あら」を不要として追い出してしまったのです。A20を参考にして、この事情をご理解ください。その点がご理解いただけると、その「に」は、断定の助動詞「なり」の連用形の「に」であると見えてくるでしょう。すると、続く「あ

「ら」は、断定の助動詞「なり」の一部であって、「に」が「なり」の上の部分であるのに対して、「なり」の下の部分である、と見えてくるでしょう。そのような「あれ（↓あり）」は、「思ひ過ぐべき恋に」を補助している補助動詞であると判断されることにもなるでしょう。三二五番歌の「にあら（↓にあり）」は、断定の助動詞「なり」となる「にあり」だったことになります。

お尋ねに対するお答えは、以上でよろしいと思います。そこで、引き続いて、その「にあり」が、どういう過程を経て、一単語の「なり」になっていくかを追跡してみることにいたしましょう。同じ『万葉集』歌に、「…大殯《おほあらき》の時にはあらねど雲隠ります」（3四四一）とか「…我はさぶしゑ君にしあらねば」（4四八六）とかの用例で、説明していきましょう。四四一番歌は、〈（大殯という皇位継承の時）では（ないけれども）〉ということであり、四八六番歌は、〈（あなた）では（ないので）〉ということです。前者は、「に」と「あり」との間に係助詞「は」を介在させており、後者は、「に」と「あり」との間に副助詞「し」を介在させています。

そのような「にあり」が、約音化して「なり」となっている用例も見ることができます。「…わが恋ふる君玉ならば手に取り持ちて…」（2一五〇）や「…駿河《するが》なる富士の高嶺は見れど飽《あ》かぬかも」（3三一九）に見る「なら」や「なる」は、それぞれ、「にあら」と「にある」とが約音化したものです。前者は、断定の助動詞「なり」の未然形「なら」、後者は連体形「なる」です。

Q44

断定の助動詞「たり」は、「とあり」が約音化したもの、と聞いています。ただ、その「たり」は、中古の和文には見られません。急に、『平家物語』などの和漢混交文に現れるようですが、どうしてなのでしょうか。

A44

同じ断定の助動詞でも、「なり」が広く多くの作品に用いられているのに対して、この「たり」は、おっしゃるとおり、『源氏物語』など、中古の和文には見られません。この断定の助動詞「たり」は、そもそも、その成立からして、漢文訓読から始まるといってよいようです。中古にあっては、男性の世界の言語であった、と見たらよいでしょう。

『万葉集』歌には、この「たり」の原形と見ることのできる用例が存在します。「なかなかに人とあらずは酒壺《さかつぼ》になりにてしかも酒に染《し》みなむ」（3三四三）の「とあら（↓とあり）」です。大伴旅人《おおとものたびと》が酒を讃えた十三首のうちの一首で、なまじっか〈人〉である〈よりは〉酒壺になってしまいたい、と歌っています。そこを〈人〉としている〈よりは〉と読解して、その「あら（↓あり）」を補助動詞と見ないで、独立動詞と見ていく見方もあります。

しかし、そういう「とあら（↓とあり）」であったとしても、その「とあら（↓とあり）」が、漢籍・仏典を訓読していくなかで、とにかく、〈である〉意の「たり」を生み出したのでしょう。中古にあっては、和文の世界には採用されることなく、もっぱら男性の世界の言語として位置づけられていたのでしょう。文選《もんぜん》読みといわれる「上は觚稜《ころう》とそばそばしうして」（文選・西都賦）など、音で読み、訓でも読む読み方に用いられる「と」に関係づけたりする成立史など、諸説がありますが、とにかく、そういう世界で、この「たり」は成立したと見られています。

そういう結果として、『平家物語』の「清盛《きよもり》、嫡男《ちやくなん》たるによつて、跡を継ぐ。」（1鱸《すずき》）などの用例が現れます。「嫡男たるによつて、」は、〈（長男）である（から）〉ということです。「所労もし定業《ぢやうごふ》たらば、医療を加ふとも益なからんか。」（3医師問答）の「所労もし定業たらば、」は、〈（病気が定められた業《ごう》としての運命）である（ならば、）〉ということです。「下として上に逆ふる事は、豈《あに》人臣の礼たらんや。」（3法印問答）の「豈人臣の礼たらんや」は、〈（どうして、人臣の礼）であろ（うか、いや、人臣の礼ではない。）〉ということです。

このようにして、『平家物語』で、未然形「たら」、連用形「たり」、終止形「たり」、連体形「たる」、已然形「たれ」の各用例の存在が確認されました。ただ、命令形「たれ」と連用形「と」は、見ることができませんでした。ところが、『今昔物語集』には、「人ト生《む》（マ）レテ法花経ヲ持《たも》ツ僧ト有リ。」（14―八・僧明蓮持法花知前世語）とあって、〈である〉と読みとる「ト有リ」が見られました。そこで、「とあり」が「たり」の原形と見ることについては、そう考えてよいでしょう。ただ、約音化の過程などについては、資料が見出《みい》だせない、ということです。現在、高校生が用いる古典文法書にも、断定の助動詞「たり」の活用表は、タリ活用形容動詞の活用表と同じように整備されています。中世の他の多くの作品から用例を検出して、整備してくれた結果です。この解説から、そういうことも感じとってください。

Q45

推量の助動詞「べし」には、連用形「べく」の下に「あり」を融合させた「べから」「べかり」「べかる」があります。どうして、このような語形が生まれたのでしょうか。「べから」は、「べからず」という表現のために生まれたのでしょうか。

A45

お気づきのとおり、推量の助動詞「べし」の活用には、形容詞の補助活用に相当する未然形「べから」・連用形「べかり」・連体形「べかる」があって、いずれも、その連用形「べく」に「あり」が付いて融合したものです。念のため、活用表を載せましょう。

助動詞	未然形	連用形	終止形	連体形	已然形	命令形	接続	意味
べし	べく べから	べく べかり	べし ○	べき べかる	べけれ ○	○ ○	活用語の終止形 ラ変型は連体形	推量

右の活用表は、助動詞「べし」の活用のうち、お尋ねの「べから」「べかり」「べかる」が、直ちに、形容詞ク活用型の補助活用であるとわかるように、左側に示すこととしました。そこで、その「べから・べかり・○・べかる・○・○」が、ラ変の動詞「あり」の活用と一致することも確認できた、と思います。このように、助動詞「べし」は、「あり」の力を借りて、未然形・連用形・連体形の不備を補っています。

さて、お尋ねの一部については、もうお気づきで、未然形「べから」は、打消の助動詞「ず」に接続させるためには、未然形「べく」からは接続させることができないので、「あり」の力を借りて、未然形「べく+あら（+ず）」という形にして、その接続を可能にさせました。その「べく+あら」が約音化して「べから」となって、新しい補助活用未然形が成立したのです。「べからず」という表現のために「べから」は生まれました。さらに推量の助動詞「む」を伴う「べからむ」にも用いられます。
次は、連用形の「べかり」ですが、過去の助動詞「き」や「けり」に連ねるために、この「べく＋あり＋き」や「べく＋あり＋けり」の「べく＋あり」が「べかり」となりました。ちょっと具体的な用例を挙げますと、「斎宮は、去年《こぞ》内裏《うち》に入りたまふべかりしを、…。」（源氏物語・葵《あおい》）や「まことの契りは親子の中にぞありける。子をば人の持つべかりけるものかな。」（平家物語・2少将乞請《こいうけ》）です。前用例は、斎宮は去年宮中にお入りになる〈はずだった〉が、というように解せます。後用例は、本当の運命のつながりは親子の間にあったのだなあ、子どもを人は持つ〈べきであった〉なあ、というように解するところです。

最後は、連体形「べかる」ですが、推定・伝聞の助動詞「なり」や推定の助動詞「めり」に連ねるために必要となって生まれました。「べく＋ある＋なり」や「べく＋ある＋めり」ですが、その「べかるなり」とか「べかるめり」とかいう用例は見られません。「べかんなり」とか「べかんめり」とか発音され、実際には、「べかなり」「べかめり」としてしか存在しません。「寅《とら》の時になむ渡らせたまふべかなる。」（枕草子・二六〇段・関白殿、二月二十一日に）や「うたてある主《ぬし》の御許《みもと》に仕《つか》うまつりて、すずろなる死にをすべかめるかな。」（竹取物語・竜《たつ》の首の玉）です。前用例は、寅の時（今の午前四時ごろ）にご出発になる〈はずだそうだ。〉、ということです。後用例は、情けない主君のお側《そば》にお仕え申し上げて、思いがけない死に方をする〈にちがいないようだ〉なあ、ということです。

「べし」という助動詞の「べから」「べかり」「べかる」は、そのように、「あり」の力を借りて成立したのです。「べから」「べかり」「べかる」のなかに、「あり」が見えてくると思います。

Q46

『源氏物語』の書き出しには、「いづれの御時《おほんとき》にか、…。」（桐壺）とあります。その「いづれの御時にか」の下には、どんな語句が省略されていると見るのが適切でしょうか。このような部分の語句が省略されるのは、どうしてなのでしょうか。

A46

その本文は、「いづれの御時にか、女御・更衣あまた候《さぶら》ひたまひけるなかに、…。」とあって、「いづれの御時にか、」は、その時代が明確にはわからないことを断《ことわ》り書きとして挟み込んである部分なのです。〈どの帝《みかど》の御代《みよ》だったろうか、〉と述べようとした表現であることが、「にか」の「に」がヒントとなって見えてきます。その「に」は、断定の助動詞「なり」の連用形「に」のようです。すると、係助詞「か」の下に補助動詞「あり」が来るように見えてきます。この一文の末尾は、「…すぐれて時めきたまふありけり。」ですので、「にか」の下の省略語句は、過去推量で推量しているものと見えてきます。その結果として、省略語句は「ありけむ」であろうとするのが適切でしょう。以上が、お答えの一です。

では、併せてのお尋ね、このような部分が省略される理由を考えてみましょう。この「ありけむ」部分は、「いづれの御時にか」を補助している補助語です。だから、その「あり」は、補助動詞なのです。ですから、「…にか」の下は、「あらむ」である場合もあるのです。実際、そのほうが多いでしょう。ここは、既に述べたように、文末に「けり」があるので、「ありけむ」が適切としたのは、時制の統一を考えたからでした。「あらむ」が省略されている場合は、いっそう多く、いずれも、補助語は、省略しても、ほぼ文意が読みとれるので、省略されることが多かったのです。以上が、お答えの二です。

この機会に、断定表現の補助語省略用例を、いま一つ、紹介しておきましょう。同じ疑問表現でも、不定語というか疑問語というか、「いづれ」とか「何」とかがあると、その場合の係助詞は、「か」となります。注目したいところです。ところが、それら不定語がないときは、係助詞は「や」となります。「にや」です。用例として、「ありつる鉢《はち》を忘れて、取り出《い》でずなりぬる、それが仕業《しわざ》にや。」（宇治拾遺物語・8三）が挙げられます。さっきの鉢を〈倉にしまい込んだまま〉忘れて、取り出さないままになってしまった〈鉢は〉、それの仕業〈であろうか〉、ということです。〈であろうか〉は、きちっと表現すると、「にやあらむ」です。それが、「にや」で言い切られているのですから、この用例においても、「あらむ」が省略されていることになります。

断定の助動詞「なり」の連用形「に」の下には、その他、係助詞「ぞ」「こそ」「も」などの付く用例を多く見ます。「色見えで移ろふものは世の中の人の心の花にぞありける」（古今和歌集・13七九三）の「ありける」は、「世の中の人の心の花にぞ」の補助語で、その「あり」は補助動詞です。（花のように）色が見えずに移り変わっていくものは、この世《よ》の中の人の心の花〈であったよ〉、ということです。「浮舟の女君のやうにこそあらめ。」（更級日記・物語）の「あらめ」は、「浮舟の女君のやうにこそ」の補助語で、その「あら（↓あり）」は補助動詞です。「おのが身はこの国の人にもあらず。」（竹取物語・かぐや姫の昇天）の「あらず」は、「この国の人にも」の補助語で、その「あら（↓あり）」は補助動詞です。

このお答えについては、A_{25}と併せて読んでほしいと思います。また、A_{43}・A_{44}・A_{45}も、併せて、もう一度、読んでほしいと思います。

Q47

『大鏡』に「…、異人《ことひと》にすべうもなかりしことぞかし。」（兼通《かねみち》）とありますが、この「…べうもなかりしこと」は「…べうもあらざりしこと」ではないのでしょうか。「…べくもあらず」で、「…べし」を打ち消すのではないでしょうか。

A47

お気づきになった事柄、たいへん重要なことです。そこには、日本語史のうえでの大きな転換の事実が潜んでいます。

そこは、「ねたさに、内に参りて申させたまひし程、異人にすべうもなかりしことぞかし。」とあるところで、（兼道は危篤の状態だったのに）憎しみのあまりに、参内《さんだい》して（除目《じもく》のことを）申し上げなさった強さは、他の人には真似《まね》も〈できなかっ〉たことだよ、というところです。その〈できなかっ（た）〉は、ちょっと古く、『源氏物語』などでは、「すべうもあらず」と表現していました。それが、この『大鏡』には、「すべうもなし」となっている、ということなのです。

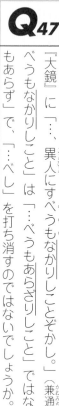

では、その『源氏物語』から、「…べうもあらず」の用例を紹介しましょう。「走り来たる女子《をんなご》、あまた見えつる子どもに似るべうもあらずいみじう生ひ先見えて、うつくしげなる容貌《かたち》なり。」（若紫）で、よく読まれるところです。走って来た女の子は、大勢（姿が）見えていた子どもたちと比べることが〈できそうもなく〉、見るからにかわいらしい顔立ちである、と読めます。その「…べうもあらず」が、ちょっと時代が下ると、「なし」になっていくのです。

そこで、さらに、次の時代の『平家物語』から、「なし」を用いた「…べうもなし」の用例を見ていくことにいたしましょう。「…我が身も尽きせぬ物思ひに、耐《た》へ忍ぶべうもなし。」（2大納言死去）です。俊寛と康頼と一緒に鬼界が島に流された丹波少将成経《なりつね》の話のころです。父・大納言成親《なりちか》は出家、有木の別所にいます。そこへ、信俊という侍が北の方からの手紙を届ける、その手紙の文言です。私の身も尽きることのない物思いのために堪《た》え忍ぶことも〈できません〉、と書いてあるというところです。

　この「…べうもなし」は、いうまでもなく、「…べくもなし」のウ音便化したものです。この「なし」は、「耐へ忍ぶべくも」を補助している補助語です。その補助語としての「なし」なので、この「なし」は、補助形容詞ということになります。その被補助語は、形容詞・形容動詞・断定の助動詞「なり」、そして、この形容詞型活用の助動詞「べし」の連用形や、副詞「さ」「かく」などに、係助詞「も」が付いた形です。そのような被補助語に付く打消の表現は、平安時代の中ごろまでは「あらず」でした。それが、平安時代末期から、補助形容詞「なし」に変わりました。以上で、お答えは、十分でしょう。

　ここで、「あらず」から「なし」へ移るとはどういうことかを考えてみましょう。「あらず」は、一旦、「あり」によって存在を表し、「ず」を添えて、それを打ち消すことによって、非存在を表していることになります。それに対して、「なし」は、非存在を、同一内容ではあっても、視点を改めて、無として捉えていることになります。この違いは、認識のしかたが違うということになりましょう。その認識の違いを、いま、補助動詞「あり」を打ち消した「あらず」から補助形容詞「なし」への転換によって知ることができました。そこで、独立動詞「あり」を打ち消した「あらず」と形容詞「なし」との間にも、文献以前においては、違いがあったであろうと思いたいと思っています。A24を参考にして、再読してください。

Q48

森鷗外『舞姫』の書き出しの一部に「…、一種のニル・アドミラリイの気象をや養ひ得たりけむ、あらず、これには別に故あり。」とありました。国語辞典はもちろん、古語辞典にも、この用法の「あらず」が見つかりません。どんな用法なのでしょうか。

A48

この部分は、高等学校国語科現代文の定番教材となっていて、広く読まれているところです。ただ、この「あらず、」については、おっしゃるとおり、国語辞典・古語辞典類はもちろん、『日本国語大辞典 第二版』も、本用例に即《そく》応《こた》えてくれるものとはなっていません。

実は、この本文について、鷗外自筆『舞姫』原稿（鷗外記念本郷図書館蔵）を見る機会がありました。そこには、その「あらず」の部分が「否」となっていたのです。それを、「国民之友」（第六巻六十九号／明治二十三年八月刊）以降、「あらず」へと改稿したことになります。その「否」は、「あらず」とも読めますので、表記を改めた、といったほうがいいのかもしれません。しかし、「いや」とも読めますので、「否」字を「いや」でなく「あらず」とした事情を考えて読んでいかなければなりません。

その『舞姫』には、もう一か所、同じような機能の「あらず」が用いられています。さきの「あらず」に続く次の段落に見られるものです。「これや日記の成らぬ縁故なる、あらず、これには別に故あり。」です。さきの用例も、この用例も、「、あらず、」となる点で、まったく共通します。続く「これには別に故あり。」も、まったく同じです。それぞれの、「、あらず、」の前の部分を受ける「さ」を想定するなどしたら、〈そうではなくて〉で、中古にも多くの用例を見たものに相当しましょう。結果的には、そう解することにもなるのですが、とにかく、前に述べたことを否定して、以下の「これには別に故あり。」へと接続していく機能を担っているものと見えてきます。

『舞姫』の「あらず」は、右の二用例に限られますので、新日本古典文学大系明治編の『森鷗外集』を覗《のぞ》いてみました。同じ雅文体の翻訳『即興詩人』に「舟のゆくては杳茫《えうばう》たる蒼海《さうかい》にして、その抵《いた》る所はシチリアの島なり、あらず、阿弗利加《あふりか》の岸なり。」（下巻・たつまき）とありました。長編『即興詩人』のなかに、その用例は、右の一用例でした。ただ、その構文例に先立って用いたと思われる用法例として、「…。あらず、…。」という用法例を見たのです。具体的には、「果《はた》して然《しか》らばアヌンチヤタは我《わが》感情を愛して我《わが》意志を嫌ひしにやあらん。あらず、わが意志の闕乏《けつばふ》を嫌ひしにやあらん、いと覚束《おぼつか》なく心《こころ》許《もと》なき事にこそ。」（下巻・考古学士の家）が、それでした。続いて、次のような「。あらず。」用法例の存在が確認されました。「母上はこのをぢを敬《うやま》ひ給ふことさまでならざりき。あらず。親族《みうち》にかゝる人あるをば心のうちに恥《は》ぢ給へり。」（上巻・わが最初の境界）です。

その後、改めて、『森鷗外全集』（岩波書店・昭和二十六年に始まる全五十巻）に拠って追跡すると、以下のように流れが見えてきました。とにかく、これら「あらず」は、前述の内容を打ち消すためのもので、それは、中古和文に見られた用法を借りたものでした。ただ、「。あらず。」や、「。あらず、」型等を経て、文中での打消接続の構文として「、あらず、」へと定着させたものと見えてきました。そこで、その「、あらず、」は、接続副詞とでもいったらいい機能で、それは、鷗外が創作した構文といっていいか、と思えるものでした。『舞姫』の「、あらず、」も、そのうちの二用例といっていいでしょう。

一般に、古語辞典は、感動詞「あらず」を立項するだけです。その成立の背景は読者の推測に委《ゆだ》ねていますが、あえていえば、「さあらず」の「あらず」が独り歩きしたと見るのがよいでしょう。併せて申し上げておきましょう。

Q49

完了の意を表す助動詞「たり」は、接続助詞「て」に「あり」が付いて融合したものと聞いていています。ただ、「て」に「あり」が付いた用例に出会えていません。存在するのでしょうか。また、どのような過程を経て現代語「た」になるのですか。

A49

お尋ねにいう、完了の助動詞という呼び方は、一般にはそうですが、できれば、存続の助動詞と認識しておいたほうがいいでしょう。また、接続助詞「て」に「あり」が付いたというより、完了の助動詞「つ」の連用形「て」と認識しておいたほうがいいでしょう。そのようにして、存続の助動詞「たり」は成立しました。

まず、「てあり」の具体的な用例から紹介してまいります。『万葉集』歌に見る「かくのみにありけるものを萩《はぎ》の花咲きてありやと問ひし君はも」（3四五五）です。こんなにもあっけなかったのに、萩の花は咲い〈ている〉かとお尋ねになった殿よ、という意です。このような「てあり」が約音化して「たり」が成立したと見ることに無理はないでしょう。そして、その「て」は、完全に接続助詞化しているものよりも、「て・て・つ・つる・つれ・てよ」と活用する完了の助動詞「つ」の連用形「て」と見るほうが穏やかでしょう。その「てあり」が、「たら・たり・たり・たる・たれ・たれ」と活用する存続の助動詞「たり」となったのです。

その「たり」の担っている意味は、上代・中古の用例を見たとき、原則的には存続です。そのうちの一群は、継続・進行を担っています。『竹取物語』の「竹の中に、もと光る竹なむ一筋ありける。寄りて見るに、筒の中光りたり。」（かぐや姫の出生）です。光っ〈ている〉、であって、光っ〈た〉などではありません。『更級日記』の「さま異なる山の姿の、紺青《こんじやう》を塗りたるやうなるに、雪の消ゆる世もなく積もりたれば、…。」（足柄山）は、存続です。雪が消える時節もなく積もっ〈ている〉ので、というところです。

完了の意味を担う用例は、中古の初めに用例を見せますが、「たり」そのものの意味の推移としては、新しいと見ていいでしょう。『土佐日記』ですが、はっきり完了といえる用例として「ある人、あざらかなる物持て来たり。米《よね》して返り事す。」（二月八日）です。ある人が新鮮な物（＝魚）を持って来〈た〉、というのですから、完了です。「たり」や「り」が完了として扱われるのは、大まかな意味の整理として、「つ」「ぬ」「たり」「り」を纏《まと》めて呼ぶのに都合よかったからでしょう。その四語あった助動詞のうち、この「たり」だけが、「た」となって現代語に残ります。

完了の助動詞「たり」の連体形「たる」は、早くも平安時代の末期には、一部ですが、「た」になっていたものと思われます。「時来ぬとふる里さして帰る雁去年《こぞ》きた道へまた向かふなり」（藤原為忠朝臣集）に見る「きた」は、「来た」と「北」とを掛けたものです。その「来た」は、「来たる」がそのように変化したもので、これが、現代語助動詞「た」の起源です。その「た」は、いま、存続・完了だけでなく、過去の意も引き受けることになりました。古典語助動詞「き」「けり」がなくなったからです。

「た」に残った存続の意は、連体形の場合に限られることになりました。「尖《とが》った鉛筆」の「た」とか、「曲がった道」の「た」とかに限られることになりました。これら「た」も、徐々に、「尖っている鉛筆」「曲がっている道」というようになってきているでしょう。それにしても、その「た」の前身「たり」は、「あり」が関係して成立しました。そして、いま、新しいもう一つの存続表現には、「開けてある」「書いてある」などの「てある」の「ある」として関係しています。

Q50

存続の助動詞「り」は、動詞「あり」が助動詞化したものであると聞きました。どのような過程を経て、助動詞と認定される「り」となったのか、説明してください。助動詞「り」は動詞「あり」であったと説明することができるのでしょうか。

A50

存続の助動詞「り」は、四段活用・サ行変格活用の各動詞の連用形にラ行変格活用動詞「あり」が付いた複合動詞「立ちあり」「しあり」などが、「立てり」「せり」などと変化した、その「り」が独立して、一単語として認定されたものです。ただ、「立ちあり」「しあり」のように、「あり」という語形がはっきり残っている用例を見ることはできません。「あり」の語頭のア母音が、上の動詞の連用形の末尾のイ母音と融合して、エ母音となってしまったものと思われます。

『万葉集』のころ、エ・キ・ケ・コ・ソ・ト・ヒ・ヘ・ミ・メ・ヨ・ロという音には、イ・エ・オの母音を異にする甲類・乙類の二種類がありました。上代特殊仮名遣いです。四段活用の連用形やサ変の連用形はすべて甲類のイ段音でした。その甲類のイ母音に「あり」の「あ」というア音が付いてエ段音になった、そのエ母音は、当然甲類のエ段音となるはずです。実際確かめてみると、そのとおりです。この事実から、四段活用・サ行変格活用の連用形に「あり」が付いたものと証明できるのです。

では、具体的な用例に即して確認することにいたしましょう。「…盛りに咲ける梅の花…」（5八五一）は、「…左《さ》加《か》里《り》尓《に》散《さ》家《け》留《る》宇《う》梅《め》能《の》波《は》奈《な》…」というのが、その万葉仮名本文です。「散家」の「家」は、上代特殊仮名遣いの甲類仮名です。そこで、「咲く」の連用形「咲き」の万葉仮名を確かめます。「烏《う》梅《め》能《の》波《は》奈《な》佐《さ》吉《き》多《た》流《る》僧《そ》能《の》能《の》…」（5八一七）の「佐吉多流」は「咲きたる」で、「佐吉」の「吉」も、甲類仮名でした。念のため、乙類のキやケも紹介しておきます。乙類のキは、貴・奇などです。甲類のキは、伎・吉などです。ケについても、甲類・乙類の別を示します。乙類のケは、気・戒などです。甲類のケは、家・介などです。この万葉仮名を手掛かりにして、四段活用「咲く」の連用形「咲き（吉）」に「あり」が付いてエ段音になった結果が「咲け（家）」となっている、と判断されるのです。已然形は乙類仮名でしたので、「散家留」の「散家」は、已然形ではありません。命令形と見る説も、ここから生まれます。その「散家留」の「け（家）」から、「佐吉」の「き（吉）」に「あり」が付いたことも見えてきます。『万葉集』の本文には、正訓で表記されているところもあります。「我《わ》がやどの萩花《はぎはな》咲けり…」（８一六二二）の「咲けり」の本文は「咲有」でした。「咲きあり」であったと推測することを許してくれる表記例です。「咲きあり」であったと推測することの証拠といってもいいでしょう。さきほど、「立ちあり」という語形は残っていないが、「立てり」となった音韻の変化からは証明できると申し上げたところと、重ねて読んでください。「立つ」だけでは表せない〈立っている〉意を、当時の人は、「立ちあり」とし、それを「立てり」と発音して表現しました。「咲く」だけでは表せない〈咲いている〉意を、「咲きあり」とし、それを「咲けり」と発音して表現しました。存続の助動詞「り」が、ラ変動詞「あり」であったということ、ご理解いただけましたでしょうか。

　この助動詞「り」は、そのように四段活用動詞の甲類のエ段音に付くところから、命令形に接続するという説を先に紹介しましたが、命令形に接続しているのではありません。甲類イ段音の連用形に「あり」が付いた結果、そのエ段音も甲類のエ段音になったということで、命令形が甲類のエ段音であるのは、たまたま一致した、ということにすぎません。接続助詞「ど」「ども」に連なる四段動詞の已然形のエ段音は、乙類のエ段音でした。参考までに申し上げました。

Q51

「生きとし生ける物」という語句があります。どうして、〈生きている物すべて〉という意味になるのでしょうか。その「生ける」の「る」は、何でしょうか。「花を生ける」の「生ける」と関係あるのでしょうか。別の単語なのでしょうか。

A51

もともと、この慣用句というか、成句というか、この「生きとし生ける物」は、『古今和歌集』の「仮名序」に見る表現です。その一文を引くと、「花に鳴く鶯《うぐひす》、水に住む蛙《かはづ》の声《こゑ》を聞けば、生きとし生ける物、いづれか歌を詠まざりける。」となります。花の間にさえずる鶯や、清流にすむ河鹿《かじか》の声を聞くと、〈生きている物すべて〉は、どれが歌を詠まないだろうか、みな、歌を詠むであろう、ということです。

そこで、その「生きとし生ける物」に絞って見ていきましょう。この表現のベースには、「生きと生く」という表現が、まず存在します。格助詞「と」を挟んで、同一動詞の連用形と基本形とを重ねて強調する表現です。「ありとあり」「来《き》と来《く》」などです。この場合は、その「生きと生く」の「と」の下に、さらに強意の副助詞「し」を挟んだ「生きとし生く」であるといえます。その「生く」の下に、存続の助動詞「り」を添えたのです。「り」を添えるということは、この「生く」が四段活用だったからということになります。その結果としての「生きとし生けり」です。その「生きとし生けり」が「物」に冠せられることになり、「り」を連体形「る」として、「生きとし生ける物」になった、と説明できます。

いよいよ、その「生きとし生ける物」を訳そうと思いますが、強調表現であることを示すのは、なかなか難しいことです。〈ひたすら、生きている、すべての物〉ぐらいになりましょうか。そこに〈すべての〉の意を感じるのは、「仮名序」の、その一文の「いづれか…ざりける」が影響しているようにも感じます。そして、現在、現代人が、この成句を用いるときも、そういう意味をこの表現に託しているといえましょう。

さて、その「生ける」は、既に申し上げたように、カ行四段活用動詞「生く」に「あり」が付いたもので、現在、一般には、「生く」の已然形に存続の助動詞「り」の連体形「る」が付いている、と説明することになります。もちろん、厳密な意味では、已然形ではありません。命令形でもありません。ただ、高校レベルの学習では、便宜的に何形かを決めなければならないので、已然形としているにすぎないわけです。「生けり」が「生きあり」であること、A50で、いま一度確認してください。

そういうわけで、「花を生ける」の「生ける」とは、まったく関係ありません。ただ、「生ける」という語形がたまたま同じであるところから、このお尋ね、これまでにも、何度か聞かれたことがあります。この「生ける」は、古典語のカ行下二段活用の「生く」が現代語化して、カ行下一段動詞となったものです。〈生かす〉という意味です。「活ける」とも表記します。誤解が生まれる背景には、この「生きとし生ける物」の「生ける」と同じ「生ける」が、現代の表現に残っていたからかもしれません。「生ける屍《しかばね》」の「生ける」です。〈生きている死体〉ということで、肉体的には生きていても、人間的な精神活動のできない人をそういったりすることがあります。その「生ける」は、「生きとし生ける物」の「生ける」と同じ「生ける」です。それに対して、「花を生ける」の「生ける」は、まったく別の〈生かす〉意の他動詞「生ける」です。

Q52

山崎正和『不機嫌な時代』（講談社文庫）のなかに「表現こそ稚拙であれ、それは涙ぐましい善意の産物であり、…。」とありました。この「あれ」の活用形は、何形なのでしょうか。現代語に已然形はないので、その判断に悩んでいます。

A52

その「表現こそ稚拙であれ、」は〈表現は稚拙であっても、〉ぐらいに読みとっていくところでしょう。そして、そこに見る係助詞「こそ」は、已然形結びを期待するものとして用いられていると見てよいでしょう。「稚拙であれ」は、「稚拙だ」という形容動詞の連用形「稚拙で」に補助動詞「ある」の「あれ」形とでもいうよりほかない語形が付いている、ということになりましょう。その「あれ」形は、もちろん、上の係助詞「こそ」の刺激を受けて、已然形「あれ」を意識して反応したものでしょう。以上で、お尋ねにはお答えした、ということになります。

以下、どうして、こういう表現が登場したかについて、推論を重ねてみることにいたします。現代語にも「こそ」は残っていますが、已然形結びは要求しなくなっています。その「こそ」に、この場合は、古い機能をもう一度もたせようとする意識を著者は抱いたのです。そこで、形容動詞「稚拙だ」の活用を最大限生かして、已然形らしいものにしたものが、この「あれ」だったのです。

そもそも、現代文のなかに、「こそ…已然形」に似た語形にして、強調表現とする表現形式ができていたのです。それは、「…こそすれ、…」という表現形式でした。「みんな褒《ほ》めこそすれ、怒る者などいなかった。」などの「…こそすれ、…」です。近世まで残っていた「ハテ、今でこそ話せ、その時は命勝負だ、…。」（浮世風呂）などが背景にあって、近代現代においては、動詞連用形「褒め」の下に「こそ」を付けたもので、それに応じるものとして補助動詞「す」を已然形相当形にして用いたのでしょう。

「笑いこそすれ、泣く者などいなかった。」なども、同趣の表現です。

この「こそ…已然形、」で、さらに以下に接続していく表現は、あの『土佐日記』にありました。「中垣こそあれ、一つ家のやうなれば、望みて預かれるなり。」（二月十六日）です。隣家との間に作った垣根〈はあるけれども〉、（私の家とは）一軒の家のような（ものな）ので、（隣家の人が）希望して（私の家を）管理したのである、というところです。「中垣こそあれ、」という挿入句を「こそ」で強調して示し、後に続く表現が、それと対立する関係にあることを際立てます。

山崎が用いた「表現こそ稚拙であれ、」のような表現が、現代文のなかにどれほど見られるかはわかりませんが、そう多くはないでしょう。山崎は、過去の日本語の多くの表現を自分のものとしていて、自然にそう表現していた、と見たいようにも思います。「彼の判断は、重要でこそあれ、決定的なものではない。」は、「こそ」の位置を古典語の本来に改めた同趣の用例ですが、いかがでしょう。

さて、その「あれ」の活用形についてですが、既に、已然形を意識した「あれ」形などというようにお答えしてきています。が、さらに、已然形か仮定形か、はっきりさせろとおっしゃりたい方もいらっしゃいましょう。殊に、この表現は、文脈として逆接仮定条件ともなるところですので、そういう二択でのお尋ねもありましょう。とにかく、現代文のなかに古典語表現が一部採用されたところなので、そういう表現としての已然形である、といってもいいでしょう。「…こそすれ、…」の「すれ」も、そう見てよいでしょう。

Q53

人間の存在をいう、そういう表現であるのに、「ある」を用いるところもある文学作品の用例に出会ったことがありました。誰の作品でしょうか。「いる」と「ある」とを使い分けていて、「ある」にそれらしい感じが出ていたのです。

A53

あまりにも漠然としたお尋ねで、どう対応したらよいか、悩みました。どう対応したらよいか、というより、どういうことから、お答えを始めたらよいかで悩みました。そして、そのお答え、既にA19、さらにA32・A33・A34でお答えしてきている、といっていいでしょう。ただ、誰の作品かと問われましても、近年の作家なのか戦後の昭和なのか、戦前なのか、もっと古く大正や明治の作家なのか、せめて、そのくらいのところはご記憶にないのでしょうか。

人間の存在を、そのように「ある」を用いた、その用例、それこそ、どなたの作品のなかで目にされたのか、そういうことを当方こそ伺いたい思いです。近年は、そのような「ある」を「いる」と使い分けてお使いになる方は、限られてきていましょう。文学作品といっても、やはり、近年、そのような使い分けというか、書き分けをしている作家がいようとは、正直なところ、思えません。だいぶ古くなりますが、志賀直哉は、地の文にも、そういう「ある」を用いた表現があったと思い出されてきました。

実は、このような表現は、会話文には見られても、地の文には採用しにくいように感じていましたもので、その点も、この機会にお確かめください。その志賀直哉、表記を現代仮名遣いに統一した新潮日本文学8「志賀直哉集」に拠ることとします。

まず、地の文に見る用例から引いてみます。

(1)私が自分に祖父のある事を知ったのは、…。（暗夜行路・序詞）

(2)若し千代に許嫁があると云う事であったら、…。(大津順吉)
(3)彼がお稲荷様を考えたのは彼の伯母で、お稲荷様信仰で一時気違いのようになった人があったからである。(小僧の神様)
(1)・(3)は、親族ではあっても、疎遠な関係にある人について述べている用例であり、(2)は、仮定の表現に登場し、親族になるかどうか不明の人について述べている用例です。
次に、会話文に現れる用例を引いていきます。
(4)「榛原《はりはら》の千代紙でも…。子供がある家《うち》なんかは喜ぶだろう」(暗夜行路・第一)
(5)「子供があるんですか?」(暗夜行路・第三)
(6)「習いたての下手な方があって、その相手に困ってるんですから」(大津順吉)
(7)「…。宅の親戚の者で大層左団次を贔屓にしてる者があるんですの」と云った。(大津順吉)
(8)「お兄様、今日学校で西洋人があったのよ」(速夫の妹)
(9)「…、人もあろうにあんな奴に打ち明ける奴があるものか」(赤西蠣太)
(10)「若い連中のよく噂に出る女があるだろう」(赤西蠣太)
(4)・(5)は、人格が認められない段階の「子供」の存在、他も、いずれも、話者との関係の薄い存在、といえましょうか。
以上、あくまでも、志賀直哉の、人間の存在を「ある」で表現する場合の傾向としてお受けとめください。

Q54

「である」を用いることで、対話者を責める結果になる場合があるように感じています。そこに謙譲表現を用いても、却って嫌味になるようです。「お伝えしてあります。」などがそう感じられるのは、どうしてですか。

A54

たいへん難しいお尋ねです。「である」には二形式あること、A13でお伝えしてあります。aは、ガ格を受ける他動詞＋「である」です。bは、ヲ格を受ける他動詞＋「である」です。そこで、用い方によっては対話者を責めることになるというのですから、その対話者に向けて行為する他動詞を用いることになります。「伝える」「届ける」「話す」「渡す」「報告する」などが浮かんできます。

次に、「伝えてある」「届けてある」「話してある」「渡してある」「報告してある」などというように、「である」を添えてみましょう。ガ格かヲ格かですが、一般に、この場合のガ格は、ハ助詞ガ格です。そこで、そのハ助詞ガ格やヲ格の対象語を想定すると、「意志は」か「意志を」か、「書類は」か「書類を」か、「結果は」か「結果を」か、「起案書は」か「起案書を」か、「経緯は」か「経緯を」かなどとなります。さらに謙譲表現にすると、「意志はお伝えしてある。」か「意志をお伝えしてある。」か、「書類はお届けしてある。」か「書類をお届けしてある。」か、「結果はお話ししてある。」か「結果をお話ししてある。」か、「起案書はお渡ししてある。」か「起案書をお渡ししてある。」か、「経緯はご報告してある。」か「経緯をご報告してある。」か、などというように、組み立てられましょう。

対話者は、謙譲表現を用いる対話者というのですから、上司ということになります。そこで、ハ助詞ガ格とヲ格とについて考えましょう。ハ助詞ガ格ですと、そのハ助詞が提題のはたらきを担うことになり、話題になっている、その「意志は」「書類は」「結果は」「起案書は」「経緯は」ということになります。ヲ格ですと、単に事実関係を叙述していることになりましょう。後者が、そのように事実関係を述べているだけであるのに対して、前者は、その行為が終わった結果が継続していて、時間的に経過していることが感じられてきます。そこから、上司が、いま話題となっている「意志」「書類」「結果」「起案書」「会議録」などについて、失念したりなどしていて、それに対して、この発言があったものと見えてきましょう。その「（私どもの）意志はお伝えしてあります。」「書類はお届けしてあります。」「結果はお話ししてあります。」「起案書はお渡ししてあります。」「経緯はご報告してあります。」などは、上司の失念していたことを責めていることにもなります。実は、私も、さきほど、「ている」には二形式あること、A13でお伝えしてあります。」と申し上げました。A13を読んで理解していたら、わざわざ説明しなくてもわかるはずだ、といわんばかりの物言いでした。お許しください。

さて、「てある」を用いることで、対話者を責める結果になる理由は、どこにあるかについて、確かめることにいたしましょう。対話者に向けて話者が行為する、その行為を「てある」で表現するということは、話者は、その行為をし終えていて手落ちがないことを表明していることになります。対話者が話者の「伝え」たり、「届け」たり、「話し」たり、「渡し」たり、「報告し」たりした行為を十分に受けとめて、失念などしていなかったなら、話者も、このような「てある」を用いた物言いはしなかったでしょう。ただ、時には、その「てある」を用いて、無責任な上司を責めることがあってもいいでしょう。言語は、現代で生きる武器であることも学んでおくことが必要です。

Q55

「権利」と「義務」とは反対語の関係にあって、ともに「権利がある」「義務がある」というように表現されます。その、それぞれの「ある」も、その反対の関係を受けて異なるように思えますが、どう違うのでしょうか。

A55

幕末から明治初期に、法によって保障される利益を意味するrightの訳語として「権利」が、その対義語であるdutyの訳語として「義務」が、それぞれ当てられました。それぞれ、中国古典に存在しています。ただ、「権利」は、〈権力と利益〉ということで、意味には少し違いがありました。そういうこともあってか、明治のころには、「権理」と表記されることもありました。

その初出ともされる用例は、「生徒をして学課に従事せしむる権理を有す」（彼日氏教授論・ファン＝カステール訳）でした。その「有す」が背景にあってか、「余は彼の父なり、彼を誘引するの権利ありと」（花柳春話・織田純一郎訳）ともありました。夏目漱石も、「目刺の頭でも鰡《ぼら》の臍《へそ》でも一番先に見付けたものが之を食ふ権利がある。」（吾輩は猫である）というように、「ある」で表現しています。「権利がある」は、こうして定着したのです。

「義務」も、「朕政府に於て保管の義務を有する公有私有金に関するの件を裁可し茲に之を公布せしむ」（政府に於て保管の義務を有する公有私有の金に関する制）とありました。そして、夏目漱石は、「賛成員にならん事もありませんが、どんな義務があるのですか。」（吾輩は猫である）というように用いています。「義務がある」も、こうして定着したのでしょう。

さて、お尋ねは、「権利がある」の「ある」は、どういう意味か、ということだったでしょうか。恐らく、この「権利がある」の「ある」はこういう意味である、と書いてある国語辞典は、どこにもないでしょう。もちろん、「…を有す」が、その背景にあるのですから、〈有している〉〈もっている〉等、その言い換えは、得点させていいでしょう。しかし、満点ではありません。現在、その「権利」は、法律が保障するものです。その「権利」は、参政権・選挙権・著作権・入会権・債権などに及びます。それら権利は、当然の権利として行使されます。そうです。この「ある」は、〈行使することができる〉意を担っていることになります。ここ五十年ほど前からは、〈行使できる〉といってもいいことになっています。形式名詞「こと」を用いなくても、二字漢語サ変動詞の可能表現が可能となりました。

次は、「義務がある」の「ある」は、どんな意味か、でした。この「義務」についても、「…を有す」が、その背景にありました。しかし、「権利」の裏側にあるのですから、「義務」は、「直系血族及び兄弟姉妹は互に扶養を為す義務を負ふ。」（口語化改正前民法・八七七条）とあるように、「…を負う」でした。終止形文末は、現代語としては現れないのが一般ですので、〈負っている〉ということになりましょうか。法を取り扱う表現としては、〈課せられている〉などともなりましょうか。

「有す」「有する」から「あり」「ある」となった経緯は、容易に理解できたと思います。したがって、〈もっている〉意が、それぞれの表現の文脈に応じて、多様な語義を派生していることも見えてきたと思います。明治の初めから、二字漢語が多く用いられるようになりました。その二字漢語で、「…がある」を伴うものは多いと思います。その「ある」は、〈もっている〉意で、一旦は解せる「ある」です。「資産がある」「財力がある」や「負債がある」「借財がある」など、確かめてみてください。連用形名詞の和語として、「貸しがある」と「借りがある」とが見られます。対応関係のあるそれぞれの前後関係など、お確かめになったらいかがでしょう。

Q56

「…たことがある。」というように、形式名詞「こと」によって括《くく》った語句をガ格主体とした「ある」は、〈経験している〉意を表すようです。「ある」に、そのような意味が読みとれるのは、どうしてでしょうか。

A56

その構文には、過去の経験、というより体験を表す助動詞「た」が必須です。そして、その上には、過去に、その行為者が行為した動作を表す動詞が配されていなければなりません。「私は、彼に会ったことがある。」の「私（は）」は行為者です。行為した動作は「会う」です。「会う」には、相手が必要で、それは、「彼（に）」です。過去において「会った」のですから、「以前」の意が含まれており、それは、一般には、「一度」ということでしょう。「私は、以前、一度、彼に会ったことがある。」で、一文として完備し、I have met him once before. と英訳されましょう。

その「私は、以前、一度、彼に会ったことがある。」の「彼に会ったことが」は、過去に行為した動作を「ある」のガ格主体として示したものです。日本語として注目されるのは、過去の助動詞「た」と形式名詞「こと」を用いることでしょう。そのガ格主体「彼に会ったことが」に続く「ある」は、その「た」の意を感じとって、〈経験している〉意に変身します。その「経験する」が他動詞であるところから、ガ格主体は、ヲ格対象語に転換することになります。そのような読解作業をした結果として、「私は、彼と会ったことがある。」の「ある」は、〈経験している〉意を表しているようだと感じることになるのでしょう。以上が、お尋ねに対するお答えです。

さて、このように構文を特定して、そこに見られる特徴を取り上げてのお尋ね、すばらしいお尋ねと御礼申し上げます。研究書の世界で解明されているかどうか、わかりませんが、一般の国語辞典などでは、「ある」の用法として注目される項目には入っていない項目で、私としても、この機会に自分でも納得行く説明ができたことに満足しています。ありがとうございました。

そこで、このような構文の創作文例を以下に列挙してみましょう。

(1)私は、中学三年のころ、イギリスに短期留学したことがある。

(2)あなたは、アメリカへ行ったことがありますか。

(3)彼は、母親の実家に行ったことがありませんでした。

右の「ある」について、ガ格主体をヲ格対象語に転換させたうえで、〈経験している〉に言い換えてみましょう。一文としての意味も読みとれたでしょうか。

ところで、右の「…たことがある」と関係するのかどうか、どうともいえないのですが、「経験がある」「体験がある」は、〈経験している〉〈体験している〉と解すると、当たるのです。A39で触れた「思い出がある」「記憶がある」の「ある」が〈残っている〉と読みとれた、そういう「ある」の流れかとも思ってもいましたが、あるいは、この「…たことがある」が関係するのかもしれません。「留学の経験がある。」は〈留学を経験している。〉に、「通訳の経験がある。」は〈通訳を経験している。〉と言い換えられましょう。「オリンピック出場の体験がある。」は〈オリンピック出場を体験している。〉に、「アカデミー賞受賞の体験がある。」は〈アカデミー賞受賞を体験している。〉に言い換えられましょう。そして、それらは、「留学したことがある。」「通訳をしたことがある。」「オリンピックに出場したことがある。」「アカデミー賞を受賞したことがある。」でもあるわけです。どういう流れで、それぞれの言い換えが可能になるのでしょうか。

Q57

「残り物には福がある。」といいます。故事諺《こじことわざ》の文末は、多く文語形「あり」のように思いますが、これは、何か、理由があるのでしょうか。また、その「ある」は、〈残っている〉意なのでしょうか、〈見つかる〉意なのでしょうか。

A57

確かに故事諺には漢籍からもたらされたものが多いところから、文末は「あり」が多いでしょう。いや、「あり」文末は、「楽あれば苦あり。」を始めとしてたくさんあるのに、「ある」文末は、直ぐには浮かんできません。鈴木棠三《とうぞう》編『故事ことわざ辞典』（創拓社・一九九二年）で見ても、「金は危ない所にある。」「隣の貧乏は鴨の味がある。」「似た物は紺屋《こうや》にある。」など十句ほどありましたが、いずれも限られた地方のものなどで、広く全国版として現在も通用しているのは、この「残り物には福がある。」だけとなってしまうようです。

その「残り物には福がある。」も、その『故事ことわざ辞典』には、「残り物に福がある。」というように立項されていました。そして、『日本国語大辞典 第二版』には、「残り物」の子見出しとして「残り物に福あり。」という、古典文形となっていました。さらにいうと、そのどちらにも、出典がなかったのです。原形とされる用例を見ることができないということで、それが意外だともいえましょう。

その『故事ことわざ辞典』は、類句として「余り物に福あり。」「余り茶に福がある。」が存在することを教えてくれました。「伊賀越道中双六」に載ることを併せて教えてもらいました。ところが、その見出しは「余り茶に福あり。」とあって、用例には「余り茶には福がある、飲んでお休みなされや。」（ひらがな盛衰記・一二）とあったり、「余り茶には福があるといひ、昔は余り茶をのめば年がよるといふ。」（柳亭記・下）とあったりしました。「余り物に福がある。」も立項されていて、用例には、「あまり物には福があると申せば、不肖ながらももらうて下され。」（傾城歌三味線・三）とありました。つまり、実際、残っている用例は、すべて「…がある。」だったのです。近世のある時期から広まった、ぐらいのことしかいえないでしょう。

いま、「残り物には福がある。」という言い回しが一般化しているのは、それで、七音・五音になるから、というように思えてきます。七音・五音は、改めていうまでもなくリズミカルです。「…がある。」という現代文形で表現するとなったら、「残り物に」は、理由なく「残り物には」となっていた、というようなことではないでしょうか。

さて、その「ある」は、どう読みとれるかということですが、〈残っている（ものだ）〉も〈見つかる（ものだ）〉も、その文脈からどこまで派生させて読むことができるか、ということでもありましょう。「ある」も「あり」も、そういう派生の可能性を内包させて、そこに〈存在する〉意を担っているのでしょう。おっしゃる〈残っている〉は、「残り物には」が、「福」を〈これまで気づかれていない残りの福〉にしたりしているからでしょう。その「福」は、その段階で、〈誰にも気づかれていない別種の福〉となることもあるでしょう。途端に、その「ある」は、発見の喜びとなるでしょう。そこで、〈見つかる〉と感じとれたのでしょうか。

ところで、その「福」は、「福は内、鬼は外」の「福」でしょうか。それとも、「福引き」の「福」でしょうか。前者には、同じクラスで、あまり目立たなかった男生徒・女生徒が若干遅れて結婚、堅実な家庭を築いている、あの二人が見えてきます。後者だと、それこそ同期会の福引きで自ら引くのではなく、残《のこ》り籤《くじ》を受け取った、その一本が、五千円の商品券という場面が見えてきます。「福」は、その程度の〈幸福〉でしょう。

Q58

諺《ことわざ》「運は天にあり。」の「天」は〈天の命令〉と解するのが通説ですが、そうすると、「あり」はどういう意味を担っていることになるのでしょうか。「敵は本能寺にあり。」の「…にあり」とどう違うか、その「にあり」の違いを教えてください。

A58

「運は天にあり。」という諺は、その「天」を〈大空〉と見てしまうと、その構文は、「敵は本能寺にあり。」と同じことになってしまいます。

さて、その「運は天にあり。」の「天」が〈天の命令〉であると解せても、その諺がそれで理解できるということにはなりません。「に」をどう解するかは、「あり」以上に難しいでしょう。その「に」は、実は、その「あり」がわからないと見えてこないでしょう。そして、このような「…にあり」は、この種の諺に好まれているようでもあるのです。

この諺「運は天にあり。」は、『太平記』以来、多くの文献に採用されていますが、漢籍などにその典拠をもっているわけではないのです。『日葡辞書』にも載っているくらいですから、誰もが知っている諺だった、といっていいでしょう。〈天の命令〉を意味する「天」を用いているところからは、漢籍からかと思いたくなりますが、いま、申し上げましたように、そうではありませんでした。「天」が〈天の命令〉ですから、それによって、決められている、ということになりましょう。「に」は〈によって〉です。「あり」は、〈決められている〉意を担っていることになります。

それほど有名ではありませんが、「大富は天にあり、小富は勤めにあり。」という諺があります。「小富は人にあり、大富は天にあり。」ともいいます。これも、確たる出典はなく、『譬喩尽《ひゆづくし》』などに載っています。大規模の富は天運によって決められいるが、少々の富は、その人の努力や才覚によって決まるものである、ということです。

「地獄極楽は心にあり。」という諺の「心にあり」も、同じように解することになる「にあり」です。その「あり」は、考え方いかんによって、〈決められる〉〈ものである〉ぐらいがよいことになりましょうか。地獄極楽は、その人の心のもちようによって決められるものである、ということです。

「医食同源」という、中国で古くからいわれている考え方があります。病気の治療も普段の食事も、ともに人間の生命を養い健康を維持するためのもので、その源は同じである、とする考え方です。その教えを、「医は食にあり。」といったりします。その「にあり」も、同じであると見てよいでしょうか。

「運は天にあり。」の「天」について、その〈天の命令〉が施注されていても、「に」や「あり」については、改めて注目されることなく、漠然と読まれてきています。少なくとも、「敵は本能寺にあり。」の「にあり」とは、明確に識別されなければなりません。その「に」が場所を示す格助詞であることは、直ちに見て取れます。同時に、「あり」が〈存在する〉であることも読みとれてしまいます。そして、その類例は、多く見られます。諺にも、「実は嘘の奥にあり。」があったりします。これも、場所の「に」と〈存在する〉意の「あり」です。それに対して、「運は天にあり。」の「にあり」は、大きく異なります。その意味するところは、人事のすべては天の命ずるところによるもので、人力ではどうすることもできない、ということで、そう解して、「に」や「あり」を、それ以上追跡してきていませんでした。

お尋ねをいただいて、その「にあり」が少し見えてきました。最後に、もう一つ、おまけのように、「運は子にあり。」が見つかりました。

Q59

「被害がある。」「批判がある。」といったとき、その「ある」には、〈受ける〉意が読みとれてしまいます。もちろん、その際、ガ格をヲ格に転換させて、そう理解するのですが、その理解は、適切なのでしょうか。表現の法則として認めてよいのでしょうか。

A59

お尋ねそのものが、適切です。そう感じる感覚が、適切です。「ある」が担う意味の傾向を、存在の対象語としてのガ格語句の語彙の特徴に注目してのお尋ねと、判断にお悩みのお気持ちと、ともによく理解できました。その語彙群の漢語と動詞「ある」とには、おっしゃるような傾向が顕著に見られます。お尋ねは、直ちに適切なお答えとなっています。殊に、ガ格語句をヲ格語句に転換させて理解するというような認識のなさり方、敬服いたしました。

「被害」という二字漢語に近似する「災害」「公害」、また、「天災」「人災」等で、その「ある」に〈受ける〉意が読みとれてくるかどうか、確かめてみましょう。「被害がある。」の「ある」に準じて、「災害がある。」「公害がある。」にも、〈受ける〉意が読みとれるように感じられましょうか。「天災がある。」には、無理なようだ、と感じる方が多いでしょうか。「人災がある。」については、〈受ける〉意を感じる方とそうでない方とがいらっしゃるように思えてきます。いかがでしょうか。

「被害」については「被」字から直ちに、その作用が他者である人間や建造物に関係を及ぼすことが見えてきます。「災害」「公害」からも、そういう関係が幾らか感じられるようです。「天災」からは、その「(が)ある」にそういう感じがしてきません。同じような語構成ですが、「人災がある。」は、どういうわけか、微妙です。

それらに対して、「批判」は、もともと、その行為が他者そのものの価値や優劣、さらには適否などまで、批評・判定するのですから、他者に関係を及ぼすこと、いうまでもないでしょう。「非難」ともなると、当然でしょう。「注意」「忠告」は、中学生・高校生の世界でしょうか。「中傷」ともなると、政治家・国家公務員の世界です。「中傷がある。」は、〈中傷を受ける〉そのものです。「批判」「非難」、「中傷」「注意」「忠告」といった行為が、「(が)ある」と表現されたとき、その行為の対象となる人物や組織などの側からは、すべて〈(を)受ける〉というように感じとれてきましょう。

そのような「…がある」を〈…を受ける〉に転換させて捉える読解を法則性ある事柄と認めてよいかどうかという、二つめのお尋ね、これも、そう認めてよい、とお答えすることになります。それこそが、文法です。語彙と関係する構文の問題で、演習問題として、「…がある」を「…を受ける」に言い換え、「…を受ける」を「…がある」に言い換えさせるドリルを配した教科書の必要性を長く感じています。

せいぜい百年ちょっとであろうと思います。近代末から現代に向けて、二字漢語をガ格対象語とした「ある」構文が急激に登場、増加を続けています。いま、せめて、その整理だけでもしておかないと、単純で平易であると思われきっている「ある」であるだけに、まったく読みとれなくなってしまう日が来るように思えてなりません。また、お気づきの表現など、ございましたら、お寄せください。考えてまいりたいと思います。

Q60

「摂食障害は、過度のダイエットにある。」という文において、波線部「過度のダイエット」は、傍線部と、印部の「摂食障害は、」の原因となる事情と見えてきました。続く二格をガ格に転換して、「ある」を〈原因となっている〉と解してよいでしょうか。

A60

そう解することは、適切です。「摂食障害は、過度のダイエットにある。」文の、構文的理解そのものが適切で、その文意は、〈摂食障害は、過度のダイエットが原因となっている。〉と読みとるのが正解です。お尋ねが、満点の答案です。

この構文によって、「ある」に〈原因となっている〉意を担わせる表現は、ここ数十年の間に、とりわけて論理的文章といわれる評論や論説に見られるようになっていた、というように受けとめています。お取り上げの用例文もそうですが、芳しくない現状などを取り立てて、「は」助詞を用いて、提題として提起し、その原因・理由を二格語句として応じさせ、動詞「ある」で結ぶ傾向が顕著です。その提題は、芳しくない事柄だけではないのですが、評論・論説の素材がそうさせているのでしょう。このような構文の読解については、新学習要領で設けられることが示された「論理国語」という科目などで、きちんと教授する必要があると思っています。

この構文による、その文の提題には、「原因」とか「要因」とかいった二字漢語で括《くく》った語句が採用されていたように思えてきます。「事故の原因は、杜撰《ずさん》な管理体制にある。」が、まず挙げられます。新聞記事などとして、しばしば見るところです。事故の原因は、杜撰な管理体制が原因となっている、ということです。こうなると、「原因」が重複してしまうのですが、そこを「ある」で表現しているともいえましょう。「成功の要因は、綿密な計画と完璧な指揮とにあった。」は、芳しい結果が提題とされている用例文ということになりましょう。成功の要因は、綿密な計画と完璧な指揮とが要因となっていた、という言い換え文が読解文ということになります。

職場などで、ちょっとした反省を迫られたときなどの台詞となっている「失敗の責任は、私にあります。」も、実は、この構文です。「失敗の責任は、私にあります。」というように図解できます。失敗の責任は、私がその責任ある者であると認識しております、ということになりましょう。

このような構文の表現に見る「ある」の機能については、物事の原因・要因がどこに帰属するかを担っていた、といったらいいでしょうか。この構文がどのような経緯で登場してきたかについては、ぜひとも解明しておく必要がありましょう。そして、とかく、現状のネガティブな面を取り立てる評論・論説の文体のなかに採用される契機は、何だったのでしょうか。「業界の不振は、若年労働力の不足にある。」は、昨今の日本企業のすべてがいっているところです。「学力の不振は、日々の生活の乱れにある。」は、夏休み明けの学校長訓話の定型表現です。それぞれ、図解して、読解してください。

さて、「運は天にあり。」という諺ですが、〈運（の吉凶）は、天（命の吉凶）にあり。〉とも解せるな、と感じました。〈運（の成否）は、天命（の成否）にあり。〉でもいいな、と感じました。いずれであっても、この構文は、「失敗の責任は、私にあります。」でした。

Q61

「あらぬ噂《うわさ》」などという「あらぬ」とは、どういう意味で、どのように成立したのでしょうか。また、現代語のなかでは、「噂」のほかに、どのような語に冠して用いるでしょうか。品詞としては、どのように取り扱うのが一般でしょうか。

A61

お尋ねの順序どおりではなくなりますが、どのように成立したかからお答えしてまいります。「あらぬ」は、改めていうまでもなく、ラ変動詞「あり」の未然形「あら」に打消の助動詞「ず」の連体形「ぬ」が付いて、一語化したものです。ただ、この「あらぬ」は、本来は、「さあらぬ」とか「さにあらぬ」として発想したのですが、その「さ（＝副詞）」や「さに（「さ」＋断定の助動詞「なり」の連用形「に」）」を不要として「あらぬ」だけで用いられるようになったものと考えられるのです。したがって、この「あら（↓あり）」は、補助動詞「あり」なのです。私は、このような「あり」を、補助動詞「あり」の独り歩き、と呼んでいます。実は、A25でも述べてきたところです。

ですから、その意味は本来、〈そうではない〉ということです。それが、一単語化して、〈他の〉〈別の〉〈異なった〉の意味のほか、〈意外な〉〈思いがけない〉という意味とも、〈あるべきでない〉〈望ましくない〉〈不適当な〉という意味ともなりました。古典語の時代には、そのように多様な意味で用いられましたが、現代語としては〈別の〉〈違った〉の意味と〈実際にはない〉〈意外な〉〈思いもよらない〉意味とが残りました。

「あらぬ噂」の「あらぬ」は、そのうちの〈実際にはない〉〈思いもよらない〉などが当たりましょう。

そこで、「噂」のほかに、どんな語に冠せられるかを考えてみましょう。「噂」ではないが、「噂」と同じ意味の「あらぬ」を冠する語から考えていきましょう。「噂」ほぼ同義の「風聞」などが挙げられましょう。「評判」は、よくありません。悪い評判でなければなりません。では、〈別の〉〈違った〉の意味に付く名詞を考えてみましょう。「あらぬ方向」「あらぬ領域」などです。現代語の「あらぬ」は、いうならば、現代語にまで残った「あらぬ」ということになりましょう。

古典文のなかの「あらぬ」は、その本文の先行部分を受けて、それを副詞「さ」などで捉えて、その「さ」を表出することなく、「あらぬ」と表現している用例もあって、実に多様でした。そこで、「あらぬこと」「あらぬさま」がいうまでもなく多く、また、仏教思想の影響あってでしょう、〈あの世〉のことを「あらぬ世」といってもいました。「現世にあらぬ世」ということになりましょうか。古典文には、それらだけでなく、本来の被補助語を補助する補助語としての「あらず」「あらぬ」「あらね」が大量に現れます。もう一度A25を見てください。そして、現代語「あらぬ」についてのこの解説が、古典文の読解にお役に立つ日がきっとあるでしょう。

さて、一語化した「あらぬ」の文法的な取り扱いについて見ていきましょう。既にお気づきと思いますが、「噂」「風評」「方向」「領域」に冠せられること、見てきました。古典語の段階でも、「あらぬこと」「あらぬさま」「あらぬ世」を見てきました。十品詞設ける日本語文法において、所属語が最も少ないのが、この品詞です。自立語であって活用がなく、主語になれず、単独で連体修飾語となる単語です。もともと、この品詞となる単語はありません。この場合は、複数の単語が一語化したものです。そうです。連体詞でした。

Q62

謡曲の『安宅《あたか》』に「もとより勧進帳《くわんじんちやう》はあらばこそ。」とありますが、その「あらばこそ」が〈あるはずがない〉意となるのは、どうしてですか。「あらばこそ」から感じられる意味と文脈から読みとれる意味とが逆で、謡いながら戸惑いを覚えています。

A62

謡曲『安宅』をお謡いになっていらっしゃってのお戸惑いからのお尋ねと承りました。確かに、「あらばこそ」は、『安宅』の、その場面の詞章として知られているといっていいでしょう。

そこで、手短に、その場面を確認いたしましょう。『義経記《ぎけいき》』の義経《よしつね》奥州落ちの途中、安宅の関での話です。兄頼朝《よりとも》と不和になり、義経は、弁慶その他の家来と、山伏《やまぶし》姿となって、北陸路へ向かい、加賀の国の安宅の関にやって来ました。関守《せきもり》の富樫《とがし》に咎《とが》められ、弁慶が、勧進帳を読み上げて、辛《かろ》うじて、その関所を通過したのです。もちろん、寺院建立《こんりゅう》のための寄付を募る趣意書が勧進帳ですが、この場合は、関守を騙《だま》すために、偽物を読み上げたのです。「もとより勧進帳はあらばこそ、笈《おひ》の中より往来の巻物《まきもの》取り出《い》だし、勧進帳と名付けつつ、高らかにこそ読み上げけれ。」がその本文です。後に、歌舞伎の『勧進帳』となるところです。

「あらばこそ」という表現そのものは、『万葉集』の昔からありました。「天地《あめつち》といふ名の絶えてあらばこそ汝《いまし》と我《あれ》と逢《あ》ふこと止《や》まめ」（11二四一九）などです。下に推量の表現を伴い、全体でないという反語の気持ちを含んで、〈もし、…であったならば、それこそ〉の意を表しています。一首の意は、天地というものが、〈もし、なくなるのであるなら、〉あなたと私とが会うことも終わるだろうが、そうではないから、また会えるだろう、ということです。この表現は、「ばこそ」全般にも「…ばこそ…め」として現れますが、「あり」に付いた「あらばこそ…め」がやはり、特に注目される表現形式です。

その「…ばこそ…め」が、中古には「…ばこそあらめ、」として流行しました。「…ばこそあらめ、」は、「…ばこそ〔ヨク〕あらめ、〈ソウデハナイノダカラ、〉」の意なのですが、その表現は微妙で、理解しにくい表現です。『源氏物語』など、中古の仮名物語を読むうえで、実に悩ませられる表現です。その中古の「ばこそあらめ」の時代が終わっても、中世にまで残ったのが、上代の「あらばこそ…め」の意識でした。そして、古くは伴っていた後半の推量表現を切り捨てた「ばこそ」だけが残ります。

中世の「ばこそ」は、文末に用いて〈…はずがない〉意を表す表現となります。ただ、上代の「あらばこそ」の意識が強く残っていて、「あり」以外の動詞に付く、とはいわれても、実は、「あり」と見てよいものであったりするのです。『御伽草子』に「さんざうらふ。二人ともさうらはばこそ。これがことにてさうらふ。」（ものぐさ太郎）の「さうらはばこそ」は、「あらばこそ」の丁寧表現で、「あらばこそ」と同じといってもいいのです。「二人ともさうらはばこそ。」は、〈（ものぐさ太郎という者が）二人もおります（なら、ともかく、そんな）はずがありません。〉ということです。続いて、（この、ものぐさ太郎は）私のことでございます、と言っています。

その『安宅』の「あらばこそ」、もう、単語に分析しての意味ではなく、全体として〈あるはずがない〉意となっていたといってもよいでしょう。なんと、時代下って、夏目漱石も「避くる間もあらばこそ、風を切って吾輩の左の耳へ喰ひつく。」（吾輩は猫である）というように用いていました。どうぞ、安心してお謡いください。

Q63

『徒然草』の本文「家居のつきづきしく、あらまほしきこそ、仮の宿りとは思へど、興あるものなれ。」（一〇段）の「あらまほし」が〈理想的だ〉の意に読みとれるのは、どうしてですか。その訳語は、いつごろからなのでしょうか。

A63

お尋ねからは、翻訳の難しさを痛感させられます。心象に基づく美称詞といってよい「あらまほし」ですので、文化論的な面からの認識のあり方も関わってくるでしょう。訳語についてのお尋ね、訳語史というテーマをいただいた、と思っています。

まず、「あらまほし」という表現は、もともと、二単語です。「あり」の未然形「あら」に希望の助動詞「まほし」が付いたものです。その「まほし」が、また、「まくほし」で、「ま」は推量の助動詞「む」の未然形、「く」は名詞化する接尾語、「ほし」は「欲し」で、形容詞です。その「まくほし」は、上代に見る表現で、中古に「まほし」となったのです。ですから、「あらまほし」は、〈あってほしい〉という、二単語の語句でした。

それが、早くも、その中古に、一単語化して、例文は『源氏物語』に、「墨染め御姿、あらまほしう清らなるも、うらやましく見たてまつりたまふ。」（柏木）に見るように、「清らなる（を）」という形容動詞と並立の関係で、朱雀院の墨染めのお姿を捉えています。朱雀院の墨染めのお姿は、〈申し分なく、〉上品で美しいのも、（源氏は、）うらやましいと見申し上げなさる、というところです。とにかく、「清らなり」と並立の関係で、墨染のお姿を「あらまほし」という形容詞によって登場人物である源氏を捉えています。続いて、『大鏡』の用例を見てみましょう。「あまたたび召し、常よりも乱れ遊ばせたまひけるさまなど、あらまほしくおはしけり。」（道隆）です。悲運な境遇にあって拗《す》ねていた隆家に寛《くつろ》ぐよう道長がすすめて、ともに宴席を盛り上げたところです。何度も（杯の酒を）召し上がり、普段よりも羽目をはずして遊び興じなさった様子などは〈好ましくて〉いらっしゃったということだ、というところです。人間関係について、そういっていることになりましょうか。

お尋ねにお引きの用例は、住居論のなかで用いられています。そこで、「あらまほし」という美称詞をもって称えられる対象が、衣裳を纏った姿であったり、人間関係であったり、さらには、住居の佇《たたずま》い―家の建てざま、庭のつくり方―であったりする点が、まず注目されました。お尋ねは、この場合、その「あらまほし」が〈理想的だ〉の意に読みとれた理由でした。〈似つかわしく〉の意の、「つきづきしく」との並立関係から、一語の形容詞と見てよく、現在の筆者は直ちに〈理想的だ〉と結びついてしまいます。しかし、それは、国語科教師としてのある時期以降に体得したものであることも明らかです。

「理想的」の初出は『哲学字彙』（一八八四）ですので、百三十年ほどになります。しかし、『大言海』（昭和七年初版）でも、「あらまほし」の訳語は、「然様《サヤウ》ニアリタシ。アリガホシ。サウアレカシ。」でした。第二次大戦後の昭和二十七年ごろ刊行の江波熙《ひろし》著『例文通釈古語辞典』（蒼明社・奥付なし）の「あらまほし」の訳語は、〈そうありたい〉でした。その後、〈好ましい〉〈望ましい〉、そして〈理想的だ〉という訳語をどこからともなく受け入れていました。三省堂の『明解古語辞典』（昭和二十八年）は、どうだったのでしょうか。その改訂を経た新版は、昭和三十七年で、そこには〈理想的だ〉という訳語が登場していました。初任校六年の勤務を経て、二校めの公立高校に転勤した年の秋でした。

Q64

「ありがとう」という感謝・お礼の気持ちを表す感動詞について、古典語の形容詞「ありがたし」が変化を重ねた結果であろうと感じています。具体的に、どのような変化を重ねた結果なのでしょうか。

A64

「ありがたし」という形容詞は『万葉集』歌から見られはしますが、その用例は大伴家持《おおとものやかもち》が用いた〈めったにない〉意の巻十七の長歌四〇一一番歌に見る一用例に限られます。したがって、中古以降の単語といっていいでしょう。

その〈めったにない〉意の「ありがたし」は、古典語の時代、中古から中世にわたって長く用いられました。あの『枕草子』の物尽くしにも「ありがたきもの」が立項されていて、「舅《しうと》に褒《ほ》めらるる婿《むこ》、姑《しうとめ》に思はるる嫁の君。」（七五段）と述べています。〈めったにない〉〈希《まれ》だ〉が語義ブランチの①です。

そこから、〈（めったにないほど）優れている〉〈立派だ〉〈尊い〉などの語義が派生します。ブランチ②です。『発心集《ほっしんしゅう》』の「げに、好き物にこそ。」と、あはれにありがたく覚えて、笛急ぎ尋ねつつ送りけり。」は、石清水八幡宮の別当頼清《よりきよ》が、「なるほど、（永秀という笛の名手は、）風流を解する人であるなあ。」と、しみじみと〈立派だ〉と思われて、笛を急いで探しに探して送った、ということで、そこに現れます。中世の説話に見る「ありがたし」は、多くがこの意味のようです。

さらに、③のブランチとして、〈困難だ〉の意を挙げることができます。『平家物語』の「されば、千万が一つも生きて帰らんこと、ありがたし。」（9・二度之懸《にどのかけ》）です。ここは、下級武士の河原《かわらの》太郎が次郎に語っている場面で、（俺《おれ》が一人だけ攻め入るの）だから、千万分の一も生きて帰るようなことは〈難しい〉、と言っていることになります。大きな意味は、以上です。もちろん、他に、〈暮らしにくい〉意や、「ありがとう」となっていく〈かたじけない〉意と〈(感謝の気持ちで)喜びたい〉意などもあります。『日本国語大辞典 第二版』も、⑤ブランチです。

このあたりで、「ありがとう」に向けての動きを見ていきます。例えば、西行は、「ありがたき人になりけるかひありて悟り求むる心あらなむ」(山家集)に見るように、〈めったに生まれ難い〉人間に生まれついた効《かい》があって、仏道の悟りを求める心をもっていたい、という一首のなかに用いています。それは、仏の尊い意志を受けて人間に生まれたという感謝の表現といっていいでしょう。〈感謝の気持ちで喜びたい気持ちの〉人間に生まれついた、と解してもよいでしょうか。

その後、その「ありがたし」は、連用形「ありがたく」、また、その音便形「ありがたう」が補助動詞の「候《さうらふ》」「ござる」などを伴って、もっぱら感謝を表明する表現となっていきます。その補助動詞を切り捨てて、簡略化された「ありかたう」が、現代に至って現代仮名遣いで表記されることになって、「ありがとう」となっている、ということです。

漢籍・仏典には、「難有」という本文を見ることがあります。ただ、その世界では、「アルコトカタシ」と訓読しています。したがって、「ありがたし」は、和文系の表現です。「かたし」は、〈難しい〉意の形容詞「かたし」が〈(…するのが)難しい〉意の補助形容詞となって、その「か」が濁音化したものです。「去りがたし」「堪《た》へがたし」なども、同じように構成された形容詞です。「ありがたし」は、成立当初から、「めづらし」との微妙な違い、少し下って、「かたじけなし」との微妙な違いが、注目されます。問題多い形容詞でした。

Q65

「ありし日の思い出」などの「ありし日」の「ありし」は、〈生きていた〉意ですのに、古文単語集には、〈以前の〉とあるだけでした。「ありし日」の「ありし」は、現代になってからの表現なのでしょうか。

A65

古文単語集の多くは、大学受験や、それに類する試験に備えて、古文単語を能率的に学習できるように編集してある参考書です。近年は、古語辞典にもまた、そういう傾向がある、といっていいでしょう。現代語と意味に大きな開きのある単語、現在は使われなくなった単語、イメージで覚える単語、セットにして覚える単語、敬語としての単語、そして、慣用句などというように、覚える視点を設けて編集してあるものもあるくらいです。ですから、古典の文章に出てくるすべての表現を取り上げてくれてあるものではないのです、相当充実した古語辞典でも、現代語と変わりないものや、わざわざ学ぶまでもないと判断された語句などは、登録してくれてないものがあります。お尋ねの「ありし」については、その、わざわざ学ぶまでもないと思われてしまっているからかに思えます。

『日本国語大辞典』(小学館)は、現代語も古典語もすべて取り上げる姿勢の辞典です。『広辞苑』(岩波書店)や『大辞林』(三省堂)も、同じように、現代語も古典語も立項する辞典です。それらを見ても、現代語と重なる古典語のすべてが直ちに見える、というわけのものではありません。そもそも、古典語として用いられていても、そのすべてが、文献に残っているとは限りません。すべてが、たまたま残ったものと考えなければならないのです。

そういうことを前提に『日本国語大辞典 第二版』には、「ありし」に三つのブランチが設けられ、古典語時代の用例が、いずれにも引かれています。①は、〈以前の〉〈かつての〉、そして、〈前に述べた〉

です。『源氏物語』『栄花物語』『今昔物語集』から用例を引いています。②は、〈生前の〉で、『今昔物語集』『宇治拾遺物語』、そして、読本の『雨月物語』から用例を引いています。③は、〈以前の状態〉〈昔の時〉で、準体言化した用法例です。いずれも、連語としています。そこで、その②が、「ありし日」の「ありし」に相当しましょう。

ところが、古語辞典は、殊に最近年の、学習用の古語辞典は、連体詞として取り扱うようになってきています。単なる連語ではなく、〈以前の〉〈かつての〉〈前に述べた〉意に限って、もっぱら体言（名詞）に連なる用法の単語として指示語性に注目させています。読解のうえで注目したいところです。そこに注目させて、他の用法の「ありし」は、単純に読みとれる用法として切り捨てたのです。学習の要領としては理解できます。

一方、「ありし日」については、『国語辞典』も、「ありし」の子見出し立項したりしています。ただ、その親見出し「ありし」が、〈生前の〉の意味だけでなく、〈以前の〉〈かつての〉という意味も、そこに収めているのです。しかし、それは、現代語ではないでしょう。取り扱いの難しい語句です。

『日本国語大辞典 第二版』も、「ありし日」を子見出しとして立項、故人を偲《しの》ぶような場面での用例が引かれています。近現代に至って、そのような場面でもっぱら用いられるようになったのでしょう。ただ、現代になってから、新たにつくられた表現ではありません。古くからあった表現を、そこに限って用いた結果、そう感じるのです。その「あり」は、古い時代の〈生きている〉意であるわけです。

Q66

古典語としての連体詞「ありし」は、連体詞「ありつる」に比較して、「ありつる」が直前の過去を指していうのに対して、より遠い過去を指していうのに用いる、とのことですが、どうして、そういえるのですか。

A66

おっしゃるとおり、いま、一般に、古典語を取り扱う世界では、「ありし」も「ありつる」も、品詞論のうえからは、ともに連体詞と見ています。ともに、文章展開のなかで、一旦出て来た人物や事柄を二度め以降取り上げる際に、これら「ありし」「ありつる」を冠して表現しています。殊に物語性ある叙述においては、既述であることを読者や聴き手に念押しの気持ちで用いたものでしょう。まして長編物語にあっては、その必要性が理解できます。そういうところから成長したこの人物や事柄を特定する「ありし」「ありつる」は、もっぱら体言（名詞）に連なる一単語として連体詞というように品詞認定されました。

例えば「ありし」は、次のようなところに用いられています。『源氏物語』の、光る君と呼ばれた第二皇子の、ご様子です。「大人になりたまひて後は、ありしやうに、御簾《みす》の内にも入れたまはず、御遊びの折々、琴笛の音《ね》に聞こえ通ひ、ほのかなる御声を慰めにて、内裏住《うちず》みのみ好ましう覚えたまふ。」（桐壺）は、以前は御簾の内に入れてくれたが、もう元服したので、藤壺の琴に合わせて笛を吹いて、互いに心を通わせて慰めとしていた、というのです。〈以前の（ように）〉は、かつて御簾の内に入れてもらっていたことを指していることになります。何年か前のことをいっていることになります。いま一用例、女三の宮を思いつづける柏木の心内文の用例を見てみましょう。「かのありし猫をだに得てしがな、思ふこと語らふべくはあらねど、傍《かたは》らさびしき慰めにもなつけむ、と思ふに、…。」（若菜下）は、あの、あの時の猫を手に入れて、猫と話し合うことはできなくても、独り寝の寂しさを慰めるために手なずけたい、というところです。その、指示語「かの」に続く〈以前の〉は、前の巻（若菜上）で垣間《かいま》見た猫です。その猫は、宮の形代《かたしろ》です。

「ありつる」もまた、既に、その存在の意識された事物を再度取り上げる際に冠して用いています。『竹取物語』に、直前に贈られた和歌を指して、そういっている用例を見ます。「かぐや姫の心ゆきはてて、ありつる歌の返し、」（蓬莱《ほうらい》の玉の枝）とあって、以下に「まことかと…」という歌を姫が詠んで、倉持《くらもち》皇子《みこ》に返します。工匠たちの訴えで、蓬莱の玉の枝が偽造品であると判明、そこで、〈さっきの〉「いたづらに…」という歌の返歌をしたところです。その歌を贈られたのは、過去のことではあっても、そんなに何年も前とか、そういうことではありません。ほんの、ちょっと前ということです。

古典語の時代、日本人は、過去の認識が厳密だった、といっていいでしょう。同じ過去のことでも、そう遠くない過去を完了の助動詞「つ」に担わせて、それを連体詞「ありつる」を冠して表現し、より遠い過去については過去の助動詞「き」に担わせて、それを連体詞「ありし」を冠して表現していたのでした。日本古典語においては、過去の時制は、助動詞だけでなく、指示語性の、これら連体詞でも表現していたことになりましょう。

ところで、現代語にも残る「ありし日」などの連語「ありし」は、〈生きている〉意の「あり」だったから、〈生前の〉という意を表すのでしょう。それに対して、古典語として連体詞に設定される「ありし」「ありつる」の「あり」は、その過去の具象的な情況や事物を、暗に指示語副詞「さ」で受けとめて、それを深層において思い描いていて、「あり」は、補助動詞性の「あり」であったように見えてきます。その、それぞれの「さ」の指示内容、想定してみてください。

Q67

古典文には、「忘れぬべきものにこそあめれ。」（伊勢物語・四六段）とある場合と、「みめよき人にこそあんめれ。」（宇治拾遺物語・２八）とある場合とがあります。ともに、「ある」だと思うのですが、どうしてなのでしょうか。

A67

伺ってはいませんが、ともに、小学館の新編日本古典文学全集本の『伊勢物語』と『宇治拾遺物語』とからお引きだろうと思います。お尋ねは、ともに「…にこそあるめれ」とあるべき本文が、「…にこそあめれ」とあったり、「…にこそあんめれ」とあったりするのは、どうしてか、ということでしょうか。もう、既に、古典文の素養として、助動詞「めり」は、ラ行変格活用動詞が助動詞「めり」に接続する場合には、終止形ではなく連体形からであることをご存じなのだと思います。そのうえでのお尋ねなのだと思います。以下の説明には、ご存じのことも多いと思いますが、古典語助動詞「めり」について、常識的なことを確認してまいります。

推定の助動詞「めり」は、上代にはまだ用いられていなかった、といっていいでしょう。一用例だけあるのですが、確かな用例は、中古と中世のある時期までと認識しておくのがよいでしょう。その推定は、視覚に基づく推定ですが、この用例は、ともに、主観的判断を婉曲に表現している用法の用例といったほうがよいでしょう。「なり」という断定の助動詞で断定して言い切るところに、係助詞「こそ」を入れて強調し、それぞれに「めり」を添えた表現です。その「こそ」の結びとなりますから、「めり」は、已然形「めれ」となります。「…なり」が、「…にこそあるめれ」となったのです。その「に」は、断定の助動詞「なり」の連用形「に」ですので、「ある」は、補助動詞「あり」の連体形「ある」ということになります。

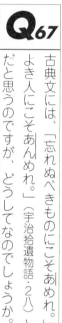

ところが、その「ある」が、「めり」や「べし」に連なるとき、その「る」は撥音便化したのです。実は、中古・中世の全用例が撥音便化してしまっていて、連体形「ある」が「めり」に付いた「あるめり」の用例を見ることはないのです。後世、理論的に考察した結果として、「あるめり」であったろうと見ているのです。そして、その中古には、撥音を表記することはできませんでしたので、『伊勢物語』の用例に見たように「あめり」でした。「あるめり」とあるべきところの、その「る」が撥音化したが、無表記だったと見るのが、現在の大方の説明です。書いてなくても、その撥音は発音されていた、と見てもいいでしょう。

中世、といっても、いっそう下っての表記として、撥音を表記する写本も現れます。そういう木版本も現れます。そこにお示しの『宇治拾遺物語』には、宮内庁書陵部蔵無刊記古活字本を底本として、校訂者のご判断として「あんめり」という表記とした、ということです。こちらは、現在、朗読に際して問題ありませんが、さきの「あめり」表記については、そのまま朗読する立場の先生と無表記の撥音を発音して朗読する立場の先生とがいらっしゃって、是非論が議論されることもあります。

以上、この問題の取り扱いの現状について申し上げましたが、その無表記「あめり」を底本とした、古い活字本には、校訂者の判断で、「あンめり」という表記が生み出されたこともありました。そこに撥音の表記はないが、撥音は発音されていた、ということを示そうとしたのでしょう。近世末から明治・大正・昭和初期に見られました。

Q68

古典語の時代、〈そうだ。そうだ。〉ということを「さり。さり。」と言っていたと知りました。一方、近現代になってから、弁論大会などで、弁士の意見に同意する感動詞として「しかり。」を用いています。どうして、「しかり。」を用いるのでしょうか。

A68

「さり」も「しかり」も、「さ」という指示語性の副詞と「しか」という指示語性の副詞とに、「あり」というラ変動詞が付いて融合したものです。ですから、「さり」にも「しかり」にも、補助動詞「あり」が含まれている、といってもいいわけです。その「さり」「しかり」は、感動詞としての用法だけでなく、連体詞化したものや、接続助詞を伴って接続詞化したものなど、多様に用法を派生しています。それらすべてが、副詞「さ」「しか」と、その「あり」の力によって、機能を派生させていたのです。

早速、「さり。さり。」を確認します。「「おい、さり。さり。」とうなづきて、…。」（源氏物語・玉鬘）は、玉鬘に求婚して嫌われる、あの肥後の土豪大夫監《たゆうのげん》の発言です。「おお。〈そうだ。そうだ。〉」とうなずいて、もう一首詠もうとしているところです。「おい」は、納得したときに発する感動詞で、「さり。さり。」と続けて、同意を示していることになります。

お尋ねが、既に、その「さり」と、続いてお示しの「しかり」とが、和文系と訓読文系との対応関係にあることを前提にしていらっしゃるものと承りました。ですから、訓読文系の、やはり同意を示す感動詞「しかり」があって、それが、弁論大会で、弁士の主張に賛同する聴衆の声になっているのか、というようなことを期待してのお尋ねだろうと思っております。そこで、「しかり」にも、遠い昔は、「さり。さり。」のような用法もあったことでしょう。ただ、現存する資料としては、漢文の文末に「爾」字があるとき、「(…こと)爾《しか》り。」と訓読する「しかり」や、「しかりしこうして」、歴史的仮名遣いで「しかりしかうして」と書く接続詞の、その一部といってよい「しかり」などのほうが、契機となっていようかとも感じています。とにかく、その雄弁大会などは、旧制の高等学校などで盛んでしたので、漢文学の教授などの指導の結果のように思えてきますが、いかがでしょう。

実は、その弁論大会などで、弁士の意見に同意する感動詞としての「しかり」をご存じであることに驚いています。近年、国会討論の放映などでも、そういう声を聞かなくなっていたからです。『日本国語大辞典 第二版』の「しかり」にも、そういう記事はもちろん、そういうブランチも設けられていませんでした。幸い、『大辞林』が「しかり」というラ変動詞として立項して、末尾に〔現在、終止形を「そうだ」「そのとおり」の意で、感動詞的に使うことがある。「『我我は立ち上がらねばならぬ』『―り』」〕と添えてくれてありました。私自身は、第二次大戦後、旧制中学校の最後の学年として入学し、その後、併設中学校から新制高校の四期生となりましたが、弁論大会で、そういう声を聞いています。先生方も、そう指導してくださいました。

このお尋ねは、感動詞の「さり」「しかり」ということだけでなく、この「さり」「しかり」に注目することで、古典語の時代から現代語に至るまで、「ある」という動詞、その古い「あり」の時代から、いかに多くの日本語の表現を支えてきたかが見えてきます。「さり」「しかり」や、形容詞・形容動詞・古典語の助動詞「なり」や「べし」、現代語助動詞の「だ」など、多くの単語が、その一部に「あり」を内包させているのです。「さり」については、多くの複合語が連語化し、「さらば」「さりながら」「されど」「されば」などの接続詞や「さるべき」という連体詞となっています。「しかり」も、「しからば」「しかれども」「しかれば」などの接続詞や「しかるべき」という連体詞や「しかるべく」という副詞となっています。

Q69

古語辞典で連語としている「あるべき」という語句があります。ところが、国語辞典にも、その「あるべき」が立項されていて、連体詞としているものもありました。どう判断したらいいでしょうか。

A69

よくお気づきになりました。多くの方が、どう取り扱ったらよいか、お悩みなのではないでしょうか。加えて、「あるべうもなし」「あるべからず」「あるべきかぎり」などという連語や「あるべかし」という形容詞のベースとなっていること、さらに、連語「さるべき」「しかるべき」とどれほどの違いがあるのかなど、関連する事柄の多い「あるべき」です。とにかく、お尋ねに返応させていただきます。

まず、古典文のなかの「あるべき」について、どういう場面で、この連語「あるべき」が必要とされるか、注目していこうと思います。『源氏物語』には、「右近に、あるべきことのたまはせて、渡りたまひぬ。」（玉鬘）とありました。源氏が右近に向けて、玉鬘に〈当然してやるべき〉ことをお言いつけになってお帰りなった、というところです。まだ、〈べき〉を使っていました。〈そうしてやるのが当然の〉ことで、お身の回りのお世話などをいっていることになりましょうか。巻は戻りますが、その巻の巻頭で、「東《ひがし》の院造りたてて、花散里《はなちるさと》と聞こえし、移ろはしたまふ。西の対《たい》、渡殿《わたどの》かけて政所《まんどころ》、家司《けいし》など、あるべきさまにしおかせたまふ。」（松風）とありました。源氏は、東の院を新築、花散里を住まわせ、西の対から渡殿にかけて、政所や家司の詰所を〈それに相応《ふさわ》しい〉状態にお設けになる、というところです。具体的には、詰所らしい状態に、ということでしょうか。具体的な描写のしにくいところを、その「あるべき」で表現していたようにも思えてきます。

その「あるべき」は、その語形のまま、現代語にも残ります。古典語の時代よりも、その〈当然〉が望ましい方向に進んで、〈そうあるのが当然の〉から〈そうあるのが理想的な〉と感じるものとなってきているようです。「学生としてあるべき姿」などが、直ちに浮かんでくる用例です。実は、筆者も、A67において、ちょっと使っていました。「あるべきところ」です。現代語に残った「あるべき」は、古典語の「あるべき」より、そういって指す対象が、質の高さを感じさせるように感じています。さらに、それらしい用例を挙げてみますと、例えば、「この国のあるべき姿勢」などでしょう。少なくとも、「玉鬘」の巻に見た、お身の回りのお世話などからは遠いものとなっていましょう。

さて、ここで、そのような現代語「あるべき」について、連体詞と品詞認定することの適否を考えていくことにいたしましょう。現在、日本語というより、国語という姿勢で、しかも学校文法の取り扱いに従うならば、その品詞は、十品詞です。その十品詞に最後に加わったのが、この連体詞だったのです。呼び方も、副体詞などと呼ぶ説もあったりしました。そのようにして、連体詞という品詞が設けられて現在に至っているのですが、その所属語まで共通して認識されるところにまでは至っていません。ですから、このように揺れているのです。複合語が単なる連体修飾語となっているだけなのか、新概念を誕生させて単なる複合語ではなくなっているか、そういう確認をして判断することになるでしょう。ただ、筆者は、現在、もはや「べし」という助動詞は現代語に存在しないので、「あるべき」の「べき」は単語として切り離せないので、「あるべき」は連体詞と品詞認定するのがよい、と思っています。お答えは、こんなところでお許しください。

この機会に、「さるべき」「しかるべき」も、併せて、その取り扱いなど考えておきたいと思います。いずれも、「ある」に関係する連語であったり連体詞であったりする点で共通します。

Q70

古典語に、「さるべき」という連語があります。その用例は多く、幾つかの用法がありますが、基本的な用法は、「あるべき」という連語と違いが見えてきません。「さるべき」を通して「あるべき」が見えてくるように教えてください。

A70

「さるべき」は、指示語としての副詞「さ」＋「あり」が複合したラ変動詞「さり」の連体形と、適当・当然の助動詞「べし」の連体形から成り立っています。〈そうするのが最もふさわしい〉〈そうなるのが最もふさわしい〉などのように直訳することができますが、具体的なことが見えてこないことが多いでしょう。読解の要領としては、後に続く動作の意味内容から判断することになります。

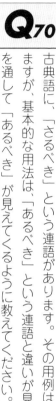

「娘をば、さるべき人に預けて、…。」（源氏物語・夕顔）は、娘を〈そうするのが最もふさわしい〉人と結婚させて、と読みとって、そのうえで、〈結婚させるのに最もふさわしい〉というように、この本文に即した理解をしていくことになります。このように読解していく「さるべき」が大半を占め、基本的な用法と見ていいようです。「さるべき」のA用法です。そして、用例数は限られますが、「あるべき」も、同じように見えます。A69の用例を見てください。その二用例ともに、「のたまはせて」とか「しおかせたまふ」とかいう、具体的な動作を表す動詞が用いられています。

さて、「さるべき」には、固定した意味の用法の用例が見られます。「かしこく恐ろしと思ひけれど、さるべきにやありけむ、負ひたてまつりて下るに、…。」（更級日記・竹芝寺）です。この「さるべき」の後には、被修飾語が省略されています。形式名詞「こと」が、現代人には必要です。〈そうなる運命の〉因縁というように解することになります。ここで、形式名詞「こと」が〈因縁〉となりました。当時の人は、仏教的世界観をもっていたからです。そう思って、その武蔵《むさし》の国出身の衛士《えじ》は、皇女《ひめみこ》をお背負いして下っていった、というところです。この用法、「さるべき」のB用法です。

さらに、いま一用法として、これも意味が固定している「さるべき」です。〈立派な〉〈由緒《ゆいしょ》正しい〉意のものです。「受領《ずりやう》などの家に、さるべき所の下部《しもべ》などの来て、…。」（枕草子・九一段）で、「ねたきもの」の段です。国司の長官などの家に、〈由緒正しい〉家の使用人がやって来て、無礼な口をきき、そうしたところで自分に対して何ができるかと思っているのは、「いとねたげなり」とあるところです。この用法、C用法です。

B用法・C用法は、時代の思想や文化がそうさせたものです。A用法が、指示語「さ」と「あるべき」とが一体化した、本来の「さるべき」です。B用法は、その「さ」が仏教思想だけを指すことに固定してしまったのだ、と解せます。C用法は、その「さ」が上流階級とか身分高い家格とか、そういうものに固定してしまった結果と見られます。A・B・C各用法の「さるべき」を少し長く観察した結果、そう思えてきました。

そこで、A69で、ある程度ご説明申し上げた「あるべき」の真相が見えてきました。「あるべき」も、「（さ）あるべき」だったのです。「さるべき」のA用法と同じだったのです。「さるべき」のA用法を用いるとき、以下にどんな動作を表す動詞を用いるかを想定しながら、用いていたのです。「（さ）あるべき」の場合は、その「さ」を深層において用い、しかし、表出はしなかったのです。それが、「あるべき」だったのです。したがって、「あるべき」の「ある」は、本来は、補助動詞「あり」の連体形だったのです。「あるべき」が、いくらか見えてきたでしょうか。いや、十分にご理解いただけたと思います。

Q71

古典語に、「しかるべき」という連語があります。「しかるべき」は、現代語としても用いられていて、その現代語「しかるべき」を連語とする辞典と連体詞とする辞典とがあります。どう判断したらよいでしょうか。

A71

古典語の「しかるべき」については、その終止形「しかるべし」を連語に位置づけて、「しかるべき」は、その連体形という活用形の用例として取り扱うほうが適切かと思っています。その終止形「しかるべし」の用例、また、それを打ち消した「しかるべからず」という用例、さらに、未然形に接続助詞「は」を伴って順接仮定条件を構成する「しかるべくは」の用例などが見られるからです。

その「しかるべき」の意味するところは、A70に紹介した「さるべき」のA・B・Cに、そっくり相当します。ただ、AよりもB・Cの用例のほうが印象に残るようです。「しかるべき御契りあらんものぞ。」（増鏡）は、〈そうなる運命である〉因縁があるのだろうと思うのだ、というBの用例です。Cに相当するのが「これもしかるべき善知識とこそ覚えさぶらへ。」（平家物語・灌頂《かんじょう》六道《ろくどう》之《の》沙汰《さた》）で、これは、私が仏道に入るための〈立派な〉機縁と思われます、といっているところです。

その出典は、右の『増鏡』や『平家物語』からもおわかりと思いますが、中世の和漢混交文です。和文系の「さるべき」を、漢文訓読文や和漢混交文では、「しかるべき」として表現しました。そして、右に引用したところからも感じとれるように、固定化した意味のものとなっていました。それが、明治期の近代文語文を経て、近現代の評論・論説の文章に引き継がれます。その評論・論説の文章には好まれて、その筆者にもよりますが、頻用する文筆家も見られたように思います。

近現代語の「しかるべき」は、A69の「あるべき」と同じく、連体詞に位置づけたいと思います。その意味するところは、〈それに適した〉〈それ相当の〉などですが、具体性を帯びないものとなってしまっている点がその特徴となっています。漠然としたところが特徴なのです。何か直ちに善処しなければならない問題や事態が発覚したとしましょう。しかし、経済産業省なり厚生労働省なりが、その対応を誤って動きが見えないような場合、当然、新聞各社を始めとして、定期刊行物に有識者や評論家の声が載ります。そんなとき、登場する表現が、「直ちにしかるべき措置が講じられなければならない。」です。確かに、その〈それに適した〉〈それ相当の〉の意を表す「しかるべき」は、その場面に適切でしょうが、具体性はまったく見えてこないのです。「しかるべき」は、その場を凌ぐ、そういう連体詞になってしまっているようです。

よく観察すると、現代語には、もう一つの「しかるべき」が存在していました。文末表現化している「…てしかるべきだ」です。〈そうするのがあたりまえである〉〈そうあるのが当然である〉意です。「一言あってしかるべきだ。」です。こちらは、連語です。近年いわれる複合辞です。それだけでなく、副詞に位置づける「しかるべく」も、けっこう行われています。さきほど申し上げたような問題や事態に対して、関係省庁などが用いる「しかるべく処置します。」です。

『源氏物語』など、有名古典にあれほど見られた「さるべき」は、現代語には残りませんでした。それに対して、和漢混交文から登場した「しかるべき」は、現在、けっこう用いられています。連用形からの副詞用法は当然として、古典語時代には存在しない文末表現用法を生み出していたとは驚きです。これら「しかるべき」「しかるべく」「…てしかるべきだ」は、現代語のなかに確かに生きていたのでした。

Q72

「学生としてあるまじき行為」などという表現に見られる「あるまじき」は、古典語の時代、どういう意味だったのでしょうか。単に〈あるはずがない〉という意味なのでしょうか。それとも、〈あってはならない〉という意味になっていたのでしょうか。

A72

現代語として用いる「あるまじき行為」については、中高生を指導する先生方にとっては、その対象がどのあたりの不適切行為を指していうのか、悩まされる場合も多いのではないでしょうか。校則に特定されている禁止行為でなくても、その教師のモラルに照らして認めたくない行為もあるでしょう。しかし、生徒の側では何とも思えないこともあって、そういう意味で、「あるまじき行為」の対象は、世代間の開きが大きいでしょう。

それはともかく、お尋ねのお気持ちは、打消推量の助動詞「まじ」が付いただけだったら、〈あるはずがない〉でしょうが、〈あってはならない〉という不適当や禁止の意の「あるまじき」であったかどうかをお確かめになりたいのだと思います。そして連体詞化していたかどうかも、お確かめになりたいのではないでしょうか。

古典語時代にも、その不適切な行為を非難していう「あるまじき」が『源氏物語』に見られました。「かかる折にも、「あるまじき恥もこそ。」と、心づかひして、…。」（桐壺）です。桐壺更衣は、ご病気ご養生のため、お里《さと》に下がることになりました。このようなときにも、〈そうだったら困る（＝不面目なことでもあったらまずい）。〉と心配りをして、若君は宮中にお残しして退出なさる、あの場面です。被修飾語の「恥」からも、その「あるまじき」の意味が見えてきましょう。

打消推量の助動詞「まじ」には、不適当や禁止の意味もあります。ですから、単に「あり」の連体形

「ある」に「まじ」が付いているといっても、不適当であるとしたり禁止したりする以上、その対象が明確でなければなりません。その対象は、和文ならば、例によって深層に「さ」を想定して、その「さ」に、その対象を絞るようにして、「あるまじき」と発話しているのであろうと思えてきます。実は、「まじ」には、中古にあっては、地の文に現れない、口頭の俗語性が伺えるのです。現代語のなかの「あるまじき」ほどに重々しさは感じられないのです。

ところが、現代語のなかの「学生としてあるまじき行為」の「あるまじき」は、まず、その「まじき」が、現代語の助動詞ではありません。一定のモラルに照らして〈許すことのできない〉意に固定化しています。現代語としては、「あるまじき」という連体詞として認定されることになりましょう。官公庁の、いわゆる公務員に向けてとか、学校関係者・病院関係者に向けてとか、そういう立場の人の行為が不適切であった場合の常套《じょうとう》表現になっているといっていいでしょうか。「公務員としてあるまじき行為」「教師としてあるまじき行為」「医師としてあるまじき行為」です。そのように、資格というか、立場といったほうがよいか、そういう複合辞「として」と共起させて表現されることも注目されましょう。

その「まじ」という古典語の助動詞は、用例数の高くない助動詞です。中古にはもちろん、中世に下っても、地の文で出会う用例は限られます。では、「べし」の打消はどうであったかというと、「…べからず」でした。連体形は、「…べからざる」でした。訓読文には見ることもあるでしょう。では、「あるまじき」が採用される契機となった事情は、何だったのでしょうか。連体詞「あるべき」の登場が考えられないでしょうか。A70で見てきた「あるべき」です。『源氏物語』に見た「あるべき」が、新しい時代の理想を述べる評論・論説に採用され、同じく『源氏物語』に見た「あるまじき」が、いま、不適切行為を非難する表現となっていたのです。

Q73

『更級日記』の初瀬詣《はつせもう》でする途次の宇治周辺で、供人が「高名《かうみやう》の栗駒山《くりこまやま》にあらずや。」という場面があります。場面が関係してか、その意味がよく理解でき、その後、漢文の「亦《また》楽しからずや」も理解できるようになりました。何がそうさせるのでしょうか。

A73

例の、大嘗会《だいじょうえ》の御禊《ごけい》よりも初瀬詣でということで、作者の一行の旅日記のところですね。「やひろうち」という所での食事の後の場面での、おっしゃる「「高名の栗駒山にあらずや。日も暮れがたになりぬめり。ぬしたち調度《てうど》とりおはさうぜよや。」といふを、いとも恐ろしう聞く。」（四・物詣での記）ですね。その「高名の」は、盗賊などで有名な、ということでした。

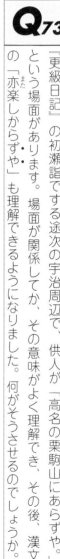

その栗駒山を目の前にして言っているのですから、その「高名の栗駒山にあらずや。」は、盗賊などで有名な栗駒山〈ではないか、いや、そうだろう。〉ということになります。「ラ変「あり」未然形「あら」＋ずや」で、〈ないか、いや、ある〉という反語表現が構成されるので、そう理解されると思うのですが、時に、あるのかないのか、迷ってしまうこともあるでしょう。幸い、この場合、目の前に栗駒山があるので、〈ある〉ことが明らかです。それに、断定の助動詞「なり」の連用形の「に」も加わっているので、「…にあらずや」と、その訳〈ではないだろうか、いや、あるだろう〉と、目の前の栗駒山が〈ある〉とが、三者一体となって結びつきましょう。「…にあらずや」の「に」と「あら」とが、現代語訳の〈で〉と〈あろ〉と重なるところから、その本文と現代語訳とが一致するのでしょう。この反語表現、断定表現の反語表現が一番理解が徹底するようです。

この反語表現は、漢文の訓読として多くの用例を見ます。ただ、その用例は、いずれも、「形容詞未然形＋ずや」なのです。そこで、お引きの「楽しからずや」などは、楽しいのか、楽しくないのか、見えなくなってしまう人がいたりするようです。お引きの本文は、『論語』の「学而《がくじ》」篇の「学ビテ而時ニ習フレ之ヲ、不二亦説《よろこ》バシカラ一乎。」に続く「有リ下朋自リ二遠方一来ル上、不二亦楽シカラ一乎。」の「不二亦楽シカラ一乎」を訓読したものです。その「楽しからずや」の「楽しから」は、形容詞の補助活用で、原音に戻すと、「楽しくあら」となります。ですから、「あらずや」は、『更級日記』の「…にあらずや」の「あらずや」と同じことになります。そこで、「楽しからずや」も十分に理解できたのでしょう。被補助語「高名の栗駒山に」と「楽しく」とを支えている補助語「あらずや」が重なることで、理解を容易にしたのでしょう。

その補助語「あらずや」に、われわれは、どこで出会っているのでしょうか。その直訳にどこで出会っているのでしょうか。小論文の学習書の多くが、最終段落での自説の主張は、どういう表現がモデルとなっているでしょうか。その幾つかのうちの一つは、採点官に呼びかける口調の「…ではないでしょうか。」です。その「…ではないでしょうか。」「…ではないだろうか。」は、近代評論文の最終文に誰彼《だれかれ》の筆者を特定できないほどに多くの評論家がその文末表現として採用していたのです。改めてではなく、例文は『近代文学評論大系』(角川書店・昭和四十六〜四十九年)十巻を、いま、ちょっと覗いてもそうでした。そして、その第一巻・第二巻は、近代文語文時代のものでした。そこには、その最終段落の最終文が「…にあらずや。」となっている用例が見られました。

漢文には、同じ『論語』の「泰伯」篇に「仁以ッテ為ス二己ガ任一ヲ、不二亦重カラ一乎。而シテ後已ム、不二亦遠カラ一乎。」などを見ます。その「亦重からずや。」「亦遠からずや。」は、重いということでしょうか重くないということでしょうか、遠いということでしょうか遠くないということでしょうか。どちらにも、その「…あらずや」が見えてきたでしょうか。

Q74

『徒然草』に「子といふものなくてありなん。」（六段）という文があります。その「ありなん」は、〈よいだろう〉と訳されていますが、どうしてそういう意味になるのでしょうか。また、そういう「ありなん」を紹介してください。

A74

兼好は、どんな場合でも、という条件表現を前提にして、そういっています。「わが身のやんごとなからんにも、まして数ならざらんにも、子といふものなくてありなん。」という一文です。わが身が高貴であるような場合でも、ましてや、ものの数にも入らない身分であるような場合でも、子というものは、なくて〈よいだろう。〉という考えです。新編日本古典文学全集本も、「ありなん」の注に「「なむ」は、完了の助動詞「ぬ」の未然形「な」に推量・意志の助動詞「む」のついたもの。上記の状態でいるのがよいだろう、…するのがよいだろうの意。」とあるだけで、どうしてそう訳すことになるかについては、述べてくれてありません。

同じ『徒然草』に「おほかた、何もめづらしくありがたき物は、よからぬ人のもて興ずるものなり。さやうの物、なくてありなん。」（一三九段）とあります。一般に何でも、珍しくめったにない物は、情緒の解せない人がもてはやすものである、そのような物はなくて〈いいだろう〉、というのです。ここも、「…てありなん」を〈…ていいだろう〉と訳すことになります。そこで、その「て」の下に、というより、「あり」の上に形容詞「よく」があるのと同じであろう、と見ることができます。この表現を、私は、「よく」という被補助語が表出されない、補助動詞「あり」の独《ひと》り歩き表現と呼んできています。

近年、私は、その「よく」は、接続助詞「て」の下に付いているので、「(…て)よし」という許容を意味する補助形容詞と見なければならないと思っています。一方で、補助形容詞「よく」を補助している補助動詞「あり」が、補助形容詞「よく」の意味も内包して用いられている、とも見ています。

また、その『徒然草』の同じ一三九段に、「八重桜は異様《ことやう》の物なり。いとこちたくねぢけたり。植ゑずともありなん。」ともありました。その「ありなん」の上は、逆接仮定条件を表す接続助詞「とも」でした。八重桜は風変わりな物である、ひどくあくどく、ひねくれている、植えなくても〈よいだろう〉、ということです。「…ともありなん」の「ありなん」も、「…てありなん」の「ありなん」と同じである、といっていいでしょう。

『枕草子』にも、「暁《あかつき》に帰らむ人は、装束《さうぞく》などいみじううるはしう、烏帽子《えぼうし》の緒《を》、元結《もとゆひ》固めずともありなむとこそおぼゆれ。」（六一段）とありました。暁に女のもとから帰ろうとする人は、装束などをきちんと整えたり、烏帽子の緒に元結をしっかり結び固めなくても〈かまわないだろう〉と感じている、というところです。その「…とも「よく」ありなむ」の「よく」に、思いきり許容・放任の思いを担わせてみました。清少納言のこの表現を兼好が受けとめて、いっそう活用していた、ということにもなりそうです。

清少納言は、「…でありなむ」という、打消接続の接続助詞「で」に続けても用いています。もちろん、「…てありなむ」も用いています。『栄花物語』も、幾つかのバリエーションを見せながら、この「ありなむ」を用いています。〈…てよいだろう〉〈…てかまわないだろう〉という、許容・放任の表現を、中古・中世を通して、「(…て／とも／で)ありなむ」が担ってくれていたのです。

Q75

『徒然草』の「大方のよしなしごと言はん程こそあらめ、…。」（一二段）の「程こそあらめ、」は〈…間はよいだろうが、〉の意ですのに、「花もやうやう気色《けしき》だつ程こそあれ、…。」（一九段）の「程こそあれ、」が〈…や否《いな》や、〉と解されるのは、どうしてですか。

A75

「大方のよしなしごと言はん程こそあらめ、…。」の「あらめ、」は「〔よく〕あらめ、」などというように、被補助語「よく」などを補って解していくところです。A74で説明いたしましたし、さらに幾通りか、『あり』の上に、適宜、形容詞連用形を想定し、冠する「あり」が見られます。この「程こそあらめ、」の「あら（め、）」も、その一つです。

そして、次の「程こそあれ、」の「あれ」も、そのように解してよい表現として表現されたものだったと思います。でも、『平家物語』に見る次の用例などが、〈…や否や、〉という、そういう意味にさせてしまったように思えるのです。「〔…。唯《ただ》法に任せよ。」と云ふ程こそありけれ。寺僧どもは国方《くにがた》の者を追出《ついしゅつ》せんとす。」（1・俊寛沙汰　鵜川軍《うかわのいくさ》）は、加賀の目代《もくだい》の師経《もろつね》が鵜川の山寺で入浴中の寺僧を追っ払い、自分が入浴したのに対して、寺僧が「国法に従え。」と言う〈…や否や、〉国府方《こくぶがた》の者を追い出そうとした場面です。本来は、「言っている〈間はよかったけれども、〉」ということだったと思います。それが、「程」の時間を短縮させて〈瞬間〉の意にさせてしまったのでしょうか、〈や否や、〉となってしまったようです。このような「程こそありけれ、」は、『平家物語』とそれに先行する『宇治拾遺物語』に見られます。軍記物語の、琵琶を奏でて語る、その節回しのなかで、本来の表現にはない意味が生まれてしまったように思えてなりません。

時代が下っても、軍記物語の『太平記』には、「筆を擱《さしお》き、鬢《びん》の髪のそそぎたるを撫《な》であげ給ふ程こそあれ、太刀の影後ろに光つて見えしかば、御頸《くび》は敷皮《しきがは》の上にて落ちたりける。我が頸を自ら抱きて臥《ふ》し給ふ。」（2・俊基朝臣誅戮《ちゅうりく》の事）とありました。俊基は倒幕計画の張本人で、斬罪となります。辞世の頌《じゅ》を書いてから、筆を置き、鬢の毛のほつれを撫でられる〈や否や、〉太刀の輝きが俊基の背後に光って見えたところ、お首は敷皮の上に落ちていた、俊基は我が首を自ら抱いてお倒れになる、という場面です。鬢の毛のほつれをお撫でになり、〈しばらくそのまま時間が経過するが、〉であってほしいようにも思えてこないでしょうか。

『徒然草』の「程こそあれ、」に移ります。その前後、少し長めに引いてみます。「鳥の声なども殊《こと》の外《ほか》に春めきて、のどやかなる日影《ひかげ》に、墻根《かきね》の草萌《も》えいづるころより、やや春ふかく霞みわたりて、花もやうやう気色だつ程こそあれ、折《をり》しも雨風《あめかぜ》うち続きて、心あわたたしく散り過ぎぬ。」で、一文です。その「程」は、「花もやうやう気色だつ」だけしか受けていないのでしょうか。文頭から直前までを受けていて、〈（その）間は、それなりによいが、〉ちょうどその時、というように、「折しも」に連なっているように読めないでしょうか。

この部分をどう読むかについては、数十点の注釈書で確認した年もありました。多くが、『平家物語』などの用例から、おっしゃるように〈や否や、〉で通釈していくものが圧倒的に多かった、と思い出されます。そのなかで、安良岡康作『徒然草全注釈』は、『増鏡』から引く二用例に拠って、「桜の花もしだいに咲き始めるころであるのに、ちょうどその時に、」と、その「花もやうやう気色だつ程こそあれ、折しも」部分を通釈していました。ただ、それでも、「あれ」に〈経過する〉意を認めているわけではありません。「気色だつ」は、瞬間で終わってしまったのでしょうか。

Q76

『大鏡』に「一事のすぐるるだにあるに、…。」（頼忠）とあって、一つの事が優れていることでさえ〈めったにないことだ〉のに、と解しています。どうして、そう訳すのですか。同じような、他の用例があるのでしたら、教えてください。

A76

お尋ねは、あの公任の三船の誉れのところですね。道長主催の、大井川での、作文《さくもん》・管絃《かんげん》・和歌の船遊びの折、公任は和歌の船に乗って、小倉山の紅葉を詠みました。後で、漢詩の船に乗って漢詩を作ったら、もっと有名になれたのに、と言ったという話ですね。そこで、その話を語った世継《よつぎ》の評言が、その「一事のすぐるるだにあるに、…。」ということになります。

そこは、「一事のすぐるるだに〔ありがたく〕あるに、…。」というように、形容詞「ありがたし」の連用形「ありがたく」を「ある」の上に補って読み解く慣行となっています。その「ありがたく」が、お尋ねでおっしゃる〈めったにないことだ〉に当たります。このように類推の副助詞「だに」に続く「あり」については、その上に、文脈にふさわしい形容詞・形容動詞の連用形などを補って解する慣行となっています。この「一事のすぐるるだに〔　〕あるに、…。」についても、「ありがたく」だけでなく、公任の才能を評価する語句であったら、広く認めてよいことになります。「あり」は、その場その場で多様な情況を担うことができた、ということでもあります。

では、同じような、他の用例を紹介いたしましょう。なんと、和歌にもありました。「雪とのみ降るだにあるを桜花いかに散れとか風の吹くらむ」（古今和歌集・2春下八六）です。あたかも雪のように散るだけでさえ〈惜しいことだ〉のに、私の大切な桜にどんな散り方をしろということで風が吹いているのであろうか、という一首です。この「ある」の上には、形容詞連用形「惜しく」を補うのがふさわしかったことになります。次は、ちょっと長くなりますが、供人の良清が明石入道《あかしのにゅうどう》の発言を源氏たちに話している、その入道の発言です。会話文中の会話文をそこだけ引きます。「わが身のかくいたづらに沈めるだに〔　　　〕あるを、この人一人にこそあれ、思ふさま殊なり。もし我に後れてその志遂げず、この、思ひおきつる宿世違《すくせたが》はば、海に入りね。」（源氏物語・若紫）は、この私がこのように零落しているのさえ〈残念である〉のに、―子はこの娘一人きりだが、―特別な考えがある、もし私に先立たれて、その志が叶《かな》えられず、私の思い決めている宿縁どおりでないなら、海に身を投げろ、という遺言です。〔　　　〕のなかに、〈残念である〉意の古典語形容詞の連用形を書き入れてください。

　さて、そこを、「ある」だけでなく、きちんと表現している用例もありました。「取《と》り食《ば》みといふもの、男《をのこ》などのせむだにいとうたてあるを、御前には女出でて取りける。」（枕草子・一三六段・なほめでたきこと）で、取り食みは饗宴のあとで庭に投げられた食物のあまりを拾うことをいいますが、それは下衆《げす》の男などがするようなのでさえいやな感じであるのに、御前の庭では、女性が出て取るのだった、という場面です。

　そのように、「ある」の上に、その情況を具体的に表現してある用例も見られはしましたが、「ある（↓あり）」だけで、その具体的な情況を表す描写をしていない表現のほうが多かったのです。そのように被補助語に相当する部分が表現されていない事情については、単に省略ということではなく、補助動詞「ある（↓あり）」のほうに被補助語排除の姿勢があったかにも見えてこないでしょうか。

Q77

『枕草子』の「かしこきものは、乳母《めのと》の男《をのこ》こそあれ。」（一八〇段）には、二とおりの解釈があるとのことですが、どちらに従ったらよいのでしょうか。また、このような文は、他にもあるのでしょうか。

A77

お尋ねにお引きの、その一文は、「かしこきものは」という物尽くしの段の冒頭の一文です。早速、その二とおりの解釈を紹介しましょう。A説・B説としましょう。

A説　かしこきものは、（提題）乳母の男こそ（主部）あれ。（述部）〈大したものは、乳母の夫が、大したものである。〉

「かしこきものは、」は題目を提示しているので、〈大したものとしては〉ぐらいに訳出すると、その機能がいっそう明確となりましょう。その述部としての「あれ（↓あり）」は、その提題の題目の趣旨を受けて、〈大したものである。〉の意を代行しているものと読みとります。

B説　かしこきものは、（主部）乳母の男〔に〕こそあれ。（述部）〈大したものは、乳母の夫である。〉

「かしこきものは、」は主部で、主格助詞「が」を内容している「は」と見ます。「乳母の男」の下に断定の助動詞「なり」の連用形「に」が脱け落ちたものと見て想定し、「乳母の男〔に〕こそあれ」を述部と見ていきます。この見方は、古くから行われてきています。

お尋ねは、どちらに従ったらよいか、ということですが、しばらくお待ちください。その前に、同じような文構造の文を紹介しておきましょう。

同じ『枕草子』の「秋の野のおしなべたるをかしさは薄《すすき》こそあれ。」（六五段）です。〈秋の野を通じてのおもしろさとしては、薄が、秋の野を通じてのおもしろさである。〉がA説の訳です。〈秋の野を通じてのおもしろさは、薄である。〉が、B説の訳です。他にも、何文かあります。そして、「は」と「こそ」との位置を違えて、「位こそなほめでたきものはあれ。」（一七九段）という一文となっても現れます。〈官位というものとしては、やはり、すばらしいものが、官位である。〉が、A説の訳です。〈官位というものは、やはり、すばらしいものである。〉が、B説の訳です。『源氏物語』にも、「人の心こそうたてあるものはあれ、…、と思さる。」（葵）とありました。心内文のなかの一文ですが、同じ文構造の一文です。『源氏物語』に見る用例は、いずれも、この「…こそ…はあれ。」です。

この文構造の文は、『宇津保物語』にも『栄花物語』にも見られました。『無名草子』の「涙こそ、いとあはれなるものにてはべれ。」では、その「…こそ…はあれ。」の「は」を「にて」にしてしまい、「あれ」を丁寧語「はべれ」にしてしまっていますが、「…こそ…〔に〕はあれ。」を背景にしていることは明らかです。『徒然草』の「大路《おほち》見たるこそ祭見たるにてはあれ。」（一三七段）は、その前段階に位置づけられる用例だったのです。その『徒然草』では、「和歌こそ、なほをかしきものなれ。」（一四段）という構文にまで、漸移や変移を重ねていったのでした。

『枕草子』の確かな伝本に従うと、その本文は、お尋ねにお示しの本文と同じく、「こそあれ」や「はあれ」の上に「に」のないことが明らかです。ですから、国語学、現在は大方が日本語学ということになりますが、その世界の方は、A説でしょう。でも、同時代から少し下った時代の人たちは、B説のように理解し、人によっては、「こそあれ」や「はあれ」の上に「に」を入れて表現していたのです。さらに下ると、その「にこそあれ」や「にはあれ」を「なれ」ともしてしまっていたのです。そういうわけで、その本文の論理は論理として、B説で読んでいっても差し支えないと思います。

Q78

「…ばこそあらめ、…。」という慣用表現には、二とおりの読みとりができるそうですが、「何かは、今始めたることならばこそあらめ、ありそめにけることなれば、…。」（源氏物語・賢木《さかき》）は、どちらでしょうか。それは、どうしてわかるのでしょうか。

A78

お尋ねの慣用表現は、活用語の未然形に付いた「ばこそあらめ、」が、逆接の関係で、以下に展開していく表現です。その「ば」までのところで、順接仮定条件を表しています。〈もし、…ならば、〉です。次に、係助詞「こそ」があるので、「め」が推量の助動詞「む」の已然形で、結びとなっています。その下に、逆接の接続助詞の「ど」や「ども」があるのと同じである、といえましょう。これから、いよいよ、「あら（↓あり）」の確認です。その順接仮定条件が、容認できることでしたら、その「あらめ」は、〈いいだろうが、〉となります。その順接仮定条件が容認できないことでしたら、その「あらめ」は、〈具合悪いだろうが、〉となります。

では、お示しの用例、源氏が参内して、朱雀帝とお話をしています。帝は、源氏と朧月夜との関係をそれとなく知っています。その帝の心内文です。「今始めたることならば」は、今回お付き合いを始めたのならばと、いうことで、容認できることではありません。そこで、なに、今回お付き合いを始めたのならば〈具合悪いだろうが、〉以前からあったことなので、…ということになります。どういう訳になるかは、その順接仮定条件の内容が許容できないことなので、〈具合悪いだろうが、〉となるのです。

では、その順接仮定条件部分が、容認できるような場合を紹介いたしましょう。同じ『源氏物語』の、宇治の大君《おおいぎみ》が受戒を望みましたが、女房に妨げられる、そのあたりから引きましょう。その、大君の心内文です。「みづからも、平らかにあらむとも仏を念じたまはばこそあらめ、なほかかるついでに、いかで亡《う》せなむ、と思ひしみたまひて、…。」（総角《あげまき》）です。大君本人自身も、快復しますように、とでも仏にお祈りになるのならば、というのですから、許容できることでしょう。そこで、そのように仏にお祈りになるのならば〈いいだろうが、〉ということになります。しかし、実は、そうではなくて、快復を祈るどころか、やはりこの機会に、なんとかして死んでしまおう、と思っているところです。

この「…ばこそあらめ、…。」は、『宇津保物語』にも『落窪物語』にも、その他、中古の仮名物語には、相応に用例を見せますが、『源氏物語』がやはり、多くの用例を見せます。『落窪物語』も幾つかありました。和歌にもありました。『和泉式部集』には、「ばこそあらめ」を詠みこんだものが二首ありました。他に、『後拾遺和歌集』に載る一首を引いておきます。「いづくにか来ても隠れむへだてたる心のくまのあらばこそあらめ」（16・雑二・九一九）です。どこに来て隠れようというのですか、隠し事する心の秘密があるのならば〈ともかく、〉私には、そんな秘密はないのですから、というような一首です。〈ともかく〉という訳語を当てていますが、〈具合悪いだろうが、〉に当たります。

さて、A77から見て、この「あれ（↓あり）」の上にも被補助語があったのではないかと思えてきます。実は、源氏と帰京した玉鬘とが、消息と歌とを贈り、返すところにありました。「正身《さうじみ》は、ただかごとばかりにても、実《まこと》の親の御けはひならばこそ嬉しからめ、…、とおもむけて、苦しげに思したれど、…。」（玉鬘）で、ご当人の玉鬘は、ほんの申し訳ぐらいでも、実の親のお便りであったら、〈嬉しいだろうのに、〉そうではないから、…、というところです。その「嬉しからめ、」は、「嬉しくあらめ、」で、「…ばこそあらめ…。」も、補助動詞「あら（↓あり）」が独り歩きしたところだったのです。

Q79

『古今和歌集』に載る「今こそあれ我《われ》も昔は男山《をとこやま》さかゆく時もありこしものを」の「今こそあれ」の「あれ」が、〈今は、老い衰えているが、〉の意となるのは、どうしてですが。また、そのような用例は、他にもあるのでしょうか。

A79

その一首は、巻第十七の雑歌上に収められる、詠み人知らずの八八九番歌です。この一首から読みとれる、その作者は、竹岡正夫『古今和歌集全評釈古注七種集成』（右文書院　昭和五十一年）に拠ると、A・B・C・Dの四者が考えられています。Aが年とった女、Bが哀老の男、Cが世をそむき遁世した出家、Dが零落し年老いた者です。それほどに多様な人生模様が見えてくる一首です。

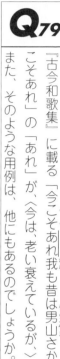

そこで、その初句を除いて、以下の表現から、読解に取り組みましょう。「我も昔は男山」は、〈私も昔は男で〉という意味と見てしまうものと、〈私も昔は男山の〉ということで、次の「さかゆく」の「さか（坂）」に係っていくと見るものとがあります。そこで、「さかゆく」ですが、「坂を行く」と「栄《さか》ゆく」との掛詞《かけことば》と見えてきます。「ありこしものを」の「こし」も、「来し」と「越し」との掛詞でしょう。そこで、「坂」と「越し」とが縁語ということになってきます。

通釈は、四とおりはあるわけですが、詠者を男女で分けて、まず男から始めましょう。その男にも三とおりはあるのですが、いま一般に行われている新編日本古典文学全集本からお借りいたしますと、〈今でこそこんなに老い衰えているが、私だって昔は立派な男で男山の坂ゆくという言葉のとおり、男として栄えてゆく時があったものでした。〉とありました。そこで、その作者を女性と見る説は、どう読み進めるのでしょうか。そのお説、藤原教長《のりなが》『古今集註』ですが、「トシヲイタルヲンナノウタナリ。イマハ、」までで、以下は落丁なのです。それを紹介する顕昭『古今集註』には「教長卿云、年老タル女ノ歌也。今ハカク老ニタレドモ、若カリシ昔ハ男ニ逢テサカリノホ《オ》カリキト也。」とあって、以下、この勅撰集の序にある「男山ノ昔ヲ思〈デ〉女郎花ノヒト時ヲクネルニモ、歌ヲ云デゾナグサメケル」から女の歌のようだといっている、と紹介しています。しかし、その顕昭は、その作者を男か僧侶《そうりょ》かとしています。とにかく、その作者は、歴代の各研究者によって、都合四者となっているのです。

では、どうして、その「今はあれ」が〈今は老い衰えているが、〉となるかについて、説明いたしましょう。以下の「我も昔は男山さかゆく時もありこしものを」の「昔」や「さか（栄）ゆく時もありこし」から、現在を推測したら、その「今こそあれ」は、容易に読み解けましょう。ただ、その第二句から第五句までを読み終えないと、理解できないわけです。もちろん、その「今はあれ」は、「今は〔かく〕あれ」で、その指示語の副詞「かく」で、漠然と推測はしているのでしょうが、一首を通訳するまでは、漠然としているわけです。あるいは、その漠然としているところが、この「今こそあれ」の魅力であったかにも思えてきましょう。

その「今こそあれ」、『新葉和歌集』に「今こそあれすむべきよよのみやこ鳥わが行末のことやとはまし」（一二六五）とありました。『伊勢物語』東下りの「名にし負はばいざ言《こと》問はむ都鳥わが思ふ人はありやなしやと」を背景に置いて詠んでいるようです。「わが行末のことやとはまし」というように、将来のことを「すむべきよよのみやこ鳥」に尋ねようとあるところからは、この「今こそあれ」は、〈現在は辛うじて生ているが、〉ぐらいになりましょうか。中宮の「かねてよりしられぬ物の悲しきはあるにまかする行末の空」（一二六四）という中宮のお歌を受けての御製だったからです。同じ「今こそあれ」でも、こちらは素直な用法のものでした。

Q80

『蜻蛉《かげろう》日記』に「慎《つつし》むことのみ ⓐあればこそ ⓑあれ、さらに来じとなむ我《われ》は思はぬ。」とあって、物忌《ものい》みなどが〈続いていたので、来られなかったが、〉と訳されていますが、どうしてですか。ⓑの「あれ」は、どこを手掛かりに、そう解するのでしょうか。

A80

A78で触れたように、和泉式部の「あらばこそあらめ」も印象に残る表現ですが、『蜻蛉日記』の「あればこそあれ」も、記憶に残る表現ですね。ただ、これは、道綱の母ではなく、夫の兼家の、言い訳の会話文のなかに見る用例です。物忌みなどが〈続い〉たので、〈来られなかったが〉、決して来ないでおこうと、私は思っていない、というところです。ⓐ・ⓑの「あれ」、図示してみましょう。

慎むことのみ ⓐあればこそ「来ず」 ⓑあれ、さらに来じとなむ我は思はぬ。

ⓐの「あれ（↓あり）」は、物忌みなどが〈行われる〉意を含んで〈時間が経過する〉意も担っている自動詞です。ⓑの「あれ（↓あり）」は、後続する「来じ」について時制を調整した「来ず」という被補助語としている補助動詞「あり」の已然形です。その結果、〈来られなかったが〉と訳すのです。

「こそあれ」には、このように、後続する表現やそれに関連する表現をあらかじめ深層において思い描いて、それを被補助語として、補助動詞「あれ」だけを用いることがあります。Q79の「今こそあれ」の「あれ」もそうでした。ただ、その場合は、後続する内容を打ち消して、反対概念を被補助語とするものでした。この場合は後続する内容が打消表現となっていて、その時制を調整するだけでした。そのように微妙な違いはあっても、後続する内容に関係する事物を被補助語とする点では共通します。

「こそあれ」だけでなく、「あれど」のように、「あり」が已然形となって、以下に逆接の関係で展開していく表現には、後続して表現される内容を被補助語として深層において想定して、補助動詞「あれ」

だけで表現することがありました。その話題中の話題が、『古今和歌集』の「陸奥《みちのく》はいづくはあれど塩《しほ》竈《がま》の浦漕《こ》ぐ舟の綱手《つなで》かなしも」（20東歌一〇八八）です。日本古典文学大系本『古今和歌集』（昭和三十三年）の解説（文法＝いづくはあれど）に、その読解の要領が述べられています。佐伯梅友という先達の研究考察の結果です。

その「いづくはあれど」は、第五句の「綱手かなしも」の「かなし」を受けて、陸奥の塩釜の浦以外の他の地域の風景を詠んでいることになります。塩釜の浦は、漁師の引く綱手が「かなし」、〈もの悲しい〉ものであっても、他の地域は、「かなし」ではないことになります。そこで、「かなし」を打ち消した「かなしからず」を「あれど」の上に被補助語として配することになります。深層において、「かなしからず」＜あれど」という被補助語と補助語との関係を成立させていたのです。この用例についてもお尋ねが寄せられていたのですが、Qの数に限りがありますので、ここで触れることにいたしました。

長く、このような「あれ」については、〈ともかく〉という、放任の姿勢で投げやる語句で訳出されてきています。現在でも、例えば新編日本古典文学全集本の訳は、〈陸奥では他の風景はともかくとして、塩釜の浦を漁師の綱で引かれながら漕いでいく舟の様子だけは何といっても心にしみて物哀れなものである。〉とありました。このような「あれ」の用法、被補助語を排除した補助動詞「あり」の独り歩きは、何がそうさせたのでしょうか。閉ざされた社会の言語だったからか、と思ってもいます。

Q81

『平家物語』に「その刀を召《め》し出《い》だして叡覧あれば、…。」（1・殿上闇討《てんじょうのやみうち》）とあって、〈ご覧になる〉と、と訳されていました。「あれ（↓あり）」が付くと、尊敬表現となるのでしょうか。また、他にも、これに類する「あり」があるのでしょうか。

A81

お引きの用例、平忠盛《たいらのただもり》が昇殿を許されて、これを妬《ねた》んだ殿上人たちに節会《せちえ》の際に闇討ちされそうになったときの話のなかに見る用例です。忠実な郎等が腰の刀を預かって小庭に隠れるなどして難を乗り切った、その刀を鳥羽上皇がお取り寄せになって〈ご覧になる〉と、木刀であった、というところです。おっしゃるとおり、「あり」が付くことで、尊敬表現となっていますが、上の名詞「叡覧」も、〈天子がご覧になること〉ということで、尊敬の意が含まれています。

このような「あり」の用例を、続けて観察してまいりましょう。「一院《いちゐん》御出家あり。」（1・殿下乗合《てんがののりあい》）でいいでしょう。重盛の次男の資盛《すけもり》が摂政基房《もとふさ》の車と揉《も》め事《ごと》を起こし、清盛が武士を使って基房に乱暴させました。これが世の乱れの始まりでした。その話の冒頭に現れるのが、この用例です。「一院」とは、後白河院のことで、その一院が〈出家なさる〉、というのが、この「御出家あり」です。この用例も、「御出家」という尊敬語としての名詞に「あり」が付いています。つまり、「あり」という動詞は、尊敬の意を含む名詞に付いて、その「あり」を伴った語句を動詞としての尊敬表現としていることになります。「御《ご》」という漢語の接頭語を冠した尊敬語名詞であるので、容易に理解できましょう。

この尊敬表現は、和語の尊敬接頭語「御《おん》」を冠した和語名詞にも及ぶようになりました。しかも、その名詞が、動詞の連用形が名詞化したものなのです。さきの第一用例を見る話のなかに見られる「忠盛を召して御尋ねあり。」（1・殿上闇討）も、その一用例です。鳥羽上皇が忠盛をお呼び出しになって〈お尋ねになる〉、というところです。もう、これで、尊敬語名詞に「あり」を伴わせて、尊敬表現の動詞相当の語句とする、といっていいでしょう。

ここで、「あり」を付けることで、どうして尊敬表現になるのかについて、考えてみることにいたしましょう。上代・中古の尊敬表現を見ても、「あり」によって構成されたものはありませんでした。中世に入って、このように登場してきたのです。これまでの敬語表現を見たとき、そこには、授受関係などが、その背景にありました。動作のしぐさに関わるものや、動作の方向性と関わるものもありました。しかし、「あり」は見当たりません。中世の、この時代、自然に、力を加えることなく、そこにある動作が存在することに、敬意を感じるようになった、と、今は、そこまでとしておきましょう。でも、そういっただけでも、少し、「あり」の力が見えてきました。自然に存在する、とは、偉大なことです。

その後、尊敬の接頭語「お」を冠した動詞連用形に「やる」を付けた尊敬表現が見られるようになります。「石を取って、…、その穴にお隠しゃれ（vocacuxare）。」（天草本伊曾保物語）の「お隠しゃれ」などです。既に、その「やれ（↓やる）」の「や」は、「お隠し」の「し」と結びついて、シャ行音となってしまっています。その「やる」が「ある」であることは、容易に感じとれましょう。その「お隠しゃれ」は、〈お隠しなさい〉ということです。その「やる」は、助動詞として取り扱うようになっています。ただ、近世に入って、その表現は、同等に対して用いることになっていき、尊敬表現ではなくなっていくようです。近世には、「お」を付けない「行きゃる」が見られ、それが、シェークスピアの『ハムレット』の訳の、「尼寺へ行きゃれ。」となっているのでしょう。

Q82

「言う」の尊敬語「おっしゃる」の語源について、「仰せあり」とする説と「仰せらる」とする説とがあるようです。どの本を見ても、そのように両説が挙げられています。どちらに従ったらよいでしょうか。

A82

困りました。文献として確かな用例が存在するのは、「仰せらる」です。中古から僅《わず》かですが、〈おっしゃる〉意の「仰せらる」の用例を見ます。しかし、五段に活用する、その活用のあり方や、音韻の変化等の面からは、「仰せあり」というか、「仰せある」が背景にあると見なければならないようです。

尊敬名詞に「あり」が付いて尊敬動詞相当の語句にする、その傾向については、A81に詳述してあります。「叡覧あり」「御出家あり」「御尋ねあり」です。「仰せ」も、「仰す」という尊敬動詞の連用形名詞ですから、尊敬語名詞に付く「あり」として存在して当然と思えてきます。しかし、『平家物語』に見る「仰せ」を用いた尊敬表現は、「法皇仰せなりけるは、…。」(3・御産)などに見る「仰せなる」だったのです。四段動詞「なる」は、「御幸《ごこう》なる」などとともに、尊敬動詞相当語句を生産していました。

ところが、説話集の『宇治拾遺物語』には、「ある時三尺五寸の的を賜《た》びて、「…、射落として参れ。」と仰せあり。」(7七)とあったのです。鳥羽院が三人の的弓《まとゆみ》の名手三人に〈ご命令がある〉、というところです。この「仰せあり」は、どう見たらよいのでしょうか。その『宇治拾遺物語』には、「さて帰らせ給ひて、「…、未練《みれん》の者こそあらめ、以長《もちなが》降りざりつるは。」と仰せらる。」(3一)ともあったのです。法勝寺《ほっしょうじ》の千人供養《せんにんくよう》に鳥羽院が行幸なさった折、敬意を払って公卿が車を止めたので、左大臣の先駆けの随身も馬から降りて通ったのに、以長は降りませんでした。そこで、院が、その理由をお尋ねになろうとして〈おっしゃる〉、というところです。「仰す」の連用形に尊敬の助動詞「らる」か付いた、『枕草子』のころから用いてきている「仰せらる」で描写しています。

さて、時代下って、虎明本《とらきらぼん》狂言に、「二人に下さると、仰せられたとおしゃったほどに…。」（連歌毘沙門）を見ることになります。「おしゃる」という動詞です。『日葡辞書』にも、「Voxdari,ru,atta〈ヲシャル〉」と立項されていて、「Voxeari,ru,atta〈ヲセアル〉の省約された動詞。」と注記されていました。当代の、しかも外国人が、「おしゃる」は「仰せある」が省約されたものだ、と認識していたのです。

近世に入って、歌舞伎に「さあおっしゃれ、どの大名様でござるぞ。」（京雛形）などの用例を見ることになります。本居宣長が訳した注釈のなかにも「まへかたおっしゃった御約束の御詞までがちがうて参ったわいな。」（古今集遠鏡）とありました。間違いなく、ラ行四段に活用しています。

ところが、歌舞伎のなかには、「そのやうな事はおっしゃれぬがよい。」（傾城壬生大念仏《けいせいみぶだいねんぶつ》）ともあったのです。ラ行下二段ということになりましょう。「おっしゃる」は、「仰せあり」からも「仰せらる」からも、それぞれが省約化を続けて、結果的には、ラ行四段が大勢を占め、現代のラ行五段となっているのでしょう。

「おっしゃる」の成立については、研究史的にも、諸説が入り乱れて、激しい議論が展開されてきました。加えて、ここに引用した狂言や歌舞伎からの用例は、ともに、演劇の台詞《せりふ》としての口頭語資料です。一方で、近世は、各藩ごとの政治が行われていた時代で、方言の開きも大きかったといえましょう。そうでした。お尋ねにおっしゃる、語源は「仰せあり」か「仰せらる」か、どちらかにしろ、というのは、無理なこととご理解いただけましたでしょうか。

Q83

「あらせられる」は、皇室敬語としてつくられた表現でしょうか、それとも、既に用いられていた表現を「行幸あらせられる」に採用したのでしょうか。その「せ」は、どんな意味を表しているのでしょうか。他に用例があるのでしょうか。

A83

お尋ねの「皇室敬語」とは、何を指すのでしょうか。そのような術語も、法律などもありません。何か、誤解なさっていらっしゃるのではないでしょうか。NHK『皇室用語辞典』という、天皇や皇族の敬語等の用語集がありました。昭和二十九年の刊行でした。報道関係各社は、それぞれ、社内マニュアルとしてもっているでしょう。その報道関係の傾向としては、いま、「遊ばされる」「あらせられる」などは、用いないことになってきていましょうか。

さて、この表現、天皇とか皇室の方とか以外の方に対して用いていたことがあるかが、お尋ねになりたかったのでしょうか。滑稽本『七偏人』に「大人の御起居いかが在《あら》せられるやト、…。」（初・上）の「大人」は「大尽」で、そういう場面では用いられていたことになりましょうか。この「あらせられる」には「あらっしゃる」という変化形があって、補助動詞用法のものが、人情本『英対略語』に見る「ヲヤお前さんは花衣の宗喜さんであらっしゃるヨ。」（初・一回）でしょう。くだけた物言いで、驚きます。

あるいは、「あらしゃる」が、「あらせられる」に近い変化形として存在したと見なければならないことになりましょうか。文献資料として何かあるのでしょうか、近世公家《くげ》の「…であらしゃります」が、幕末時代劇に採用されています。多分、と思って、有吉佐和子『和宮様御留』を開いてみました。御付《おつき》女官の嗣子《つぐこ》の台詞には、和宮《かずのみや》については、「あらしゃります」を用いさせていました。そこで、「あらしゃる」の前身「あらせられる」の「せ」は、最高敬語化のためのものと見えてきました。

「あらせられる」は、「あり」の未然形「あら」に敬意を強める助動詞「す」の未然形「せ」が付き、それに「らる」が付いた「あらせらる」の現代語形です。ただ、「あら」に「せ」が付いて、それに「らる」が付いたものではありません。敬意を強める「せ」が先に「らる」に密着していて、その「せらる」が「あら」に付いて連語として成立したものと見なければならない、と思っています。ここが大事なところです。その「せらる」は、『源氏物語』などに見られた、二重敬語で最高敬語の、あの「せ給ふ」を背景に成立したものと見たいと思います。「せ給ふ」の「せ」を意識して、新しく尊敬の助動詞として力をもってきた「らる」の上にも置かれることにもなったのでしょう。

その「せらる」は、「入《い》る」という動詞にも付いて用いられました。「入らせらる」で、〈お入りになる〉意を表しました。その「入らせらる」が変化して、今の「いらっしゃる」となっています。「いらっしゃる」は、その後、「行く」の尊敬語としての移動詞から「ある」の尊敬語としての存在詞ともなりますが、それには、「あらっしゃる」の衰退もあったでしょう。とにかく、「あらせられる」の「せ」は、「せ給ふ」の「せ」の後身といってもいい用法のものだったのです。単に、この「せ」を尊敬の助動詞としてしまわないように心掛けたいと思います。あくまでも、尊敬の敬意を強めるための助動詞で、「せられる」というように密着しているというように認識しましょう。

時に、目にしたり耳にしたりするのも、お尋ねにお引きの「行幸あらせられた。」ぐらいでしょう。〈行幸なさった。〉と言い換えられましょうか。それは、〈行幸した。〉の尊敬表現ということで、「あらせられる」は、「する」の尊敬表現といえそうです。そして、もう、〈おありである〉という訳語に当たる「あらせられる」は、存在しなくなってしまっていましょうか。

Q84

〈諸君に優勝させるために〉の意味で、柔道部OB会長が「諸君に優勝あらしめるために」と挨拶されました。この言い方でいいのでしょうか。この「あらしめる」を用いた表現、他に用例があるのでしょうか。

A84

「ある」という動詞に「しめる」という使役の助動詞を付けた表現ですから、日本語として問題ない表現です。いや、日本語をよく弁《わきま》えた表現といっていいでしょう。柔道部のOB会長、日本語の素養豊かな方と、敬服いたします。

「あら（→ある）」は自動詞ですが、他動詞「する」や、さらには「齎《もたら》す」の意を担わせながら、余裕をもってそうするニュアンスを与えようとして用いたものと見えてきます。自然にそうさせる、という気持ちです。「しめる」は、同じ使役の助動詞でも、「せる」「させる」とは違って、長く漢文訓読専用語でした。それが、明治の近代文語文を経て、評論・論説の文章に残ることとなりました。単に〈そういうようにさせる〉たけでなく、〈そういう存在や状態にさせる〉気持ちの表現ともなりましょう。

『日本国語大辞典 第二版』は、この「あらしめる」を「ある」の子見出しとして立項、用例も拾ってくれてありました。自然主義の作家である田山花袋《かたい》が『東京の三十年』と題した回想集のなかで用いた用例です。「今日の日本の文学あらしめるために 墓となってさびしく地上に横《よこたわ》った。」（二葉亭の死）とあります。言文一致の実践者の死を悼《いた》み、称えるなかで用いた、その「あらしめる」です。

もう一用例、引かれていました。石坂洋次郎の『若い人』です。「概念としてはですね。つまりさういふ生活をあらしめる世間を軽蔑します。」とあって、会話文のなかの用例です。自身の教員生活を生かした登場人物としての教師は、『若い人』では、間崎慎太郎です。ただ、この発言内容は、通俗的な社会に対する批判の声で、その「あらしめる」も、単に〈そうさせる〉意を表すだけのもので、「させる」で十分なところのようにも思えてきます。

花袋の用例を、もう一度見てみましょう。「今日の日本の文学あらしめるために、」は、その「あらしめる」の上には、格助詞「を」と「に」とのいずれが想定されましょうか。ニ格の非表出は一般的ではありませんが、文章語では、それが手法となることもあります。それに対して、石坂洋次郎の用例は、その「あらしめる」の上がヲ格で、その格助詞「を」を表出しています。あるいは、その登場人物に、「さういふ生活をさせる…」と脳裡では書き進めていて、ペンでは、「あらしめる」と言わせたのでしょうか。両表現の読解も考察も、もう限界です。それほどに、「あらしめる」は、文脈との関係も不安定ななかで、しかし、重みを印象づける表現として生きています。

たまたまでした。講談社学術文庫で神野志隆光《こうのしたかみつ》『古事記とはなにか』（二〇一三年）を読んでいました。その第三編は、「天皇の物語」で、その第二章の2は、「充足の世をあらしめた大王雄略」とありました。その冒頭三文を引かせていただきます。「仁徳天皇の後、履中《りちゅう》、反正《はんせい》、允恭《いんぎょう》、安康《あんこう》の各天皇を経て雄略天皇が登場する。仁徳とならんで、活力あふれた、充足の御世をあらしめた大王が雄略である。」です。

その「あらしめる」は、ヲ格の「活力あふれた、充足の御世を」を受けています。ニ格の「活力あふれた、充足の御世に」ですと、雄略天皇のご活躍ぶりが十分には表せないと思われたのでしょうか。「あらしめる」の「あら（→ある）」との関係では、ニ格が結びつきます。しかし、「あらしめる」の「しめる」を意識すると、ヲ格と結びつくようです。

Q85

「ある」という動詞は「ない」という打消の助動詞に接続させることはできない、と教わりました。「「あらない。」という言い方はあらないぞ。」とも言われました。でも、打消の助動詞「ない」が登場してきた時代には、どうだったのでしょうか。

A85

すばらしい、ご質問というより、すばらしい着眼です。日本語史だけではありません。言語史をそういう眼《め》で見たら、数えきれないほどの、原則を外れた用例を、次々と発見していくことができるでしょう。

お尋ねのお答えは、『日本国語大辞典 第二版』の「ある」の子見出し「あらない」が、そのまま、そのお答えに相当します。見出しの下に、その「あらない」の「ない」が打消の助動詞であることを紹介してあります。続く語釈が「ない。」だけであるところから、その「ない」とは違うことを、まず述べたのでしょう。もちろん、語釈の「ない。」が形容詞であると述べてくれてあったら、読者というか、辞典利用者に、〈非存在〉の「ない。」だと認識させる契機ともなったでしょう。

さて、ブランチ㈠は、「ある」が動詞の場合のもので、浄瑠璃のなかの用例「急《せ》く事はあらない。」（心中宵庚申《よいこうしん》）が引かれていました。坂部郷左衛門という武士が家来に言っている会話文です。ブランチ㈠は、以上です。実は、そのブランチ㈠の用例も、次の㈡の第一用例も、A20において、引いています。

そこで、そのブランチ㈡は、「ある」が、補助動詞の場合です。『おあむ物語』の「しら歯の首は、おはぐろ付て給はれと、たのまれて、おじゃったが、首もこはいものでは、あらない。」が、まず引かれます。軍記で、口述の筆録です。次の第二用例は、木下杢太郎の戯曲『南蛮寺門前』の「このお寺は唯のお寺ではあらない。」という台詞です。知的な詩人の詩劇のなかの台詞です。第三用例は、大原富枝の『おあんさま』の「なんの、土佐とて鬼の国でも蛇の国でもあらないものを。」です。あるいは、高知の方言なのでしょうか。

右の各用例の出典の刊行年を、ここで改めて見てみようと思います。一番古いのは、補助動詞「ある」に付いた「ない」の『おあむ物語』（一六六一〜七三年ごろか）です。次が、独立動詞「ある」に付いた「ない」の『心中宵庚申』（一七二二年）です。十七世紀の半ば過ぎから見られたのです。江戸時代に入ってから半世紀ちょっとのころです。そして、大原富枝は、二〇〇〇年に亡くなった方です。作品の表題とはいえ、そのように書かせるご自分がいらっしゃるわけです。

現時点で、現代の日本語を認識させるうえからは「ある」の未然形「あら」が打消の助動詞「ない」には接続しないということは、決定的な事柄でしょう。動詞の未然形は原則として打消の助動詞「ない」に接続しますが、「ある」だけは例外であることを認識させることは必要です。しかし、そういう学習の段階を経たら、こういう疑問をお抱きになることは、言語を認識するうえで、大いに歓迎したいお尋ねです、今後も、そういう視点からのお尋ねをお待ちします。

それにしても、この表現の背景には、日本人の存在の認識についての大きな転換があったと見なければならないと思います。それまで、非存在を「あらず。」と言っていた人たちが、僅《わず》かの期間、「あらない。」と言って、次の時代へと移りましたが、その後、「あらず。」を「ない。」にして捉えるようになったということは、非存在の過程を飛ばして、直ちに無の世界を認識することになるからです。お尋ねから、そんなことを考えさせていただきました。

Q86

江戸時代の遊女の言葉を「ありんす言葉」といいますが、具体的にどのような表現だったのでしょうか。時代劇映画などで、花魁《おいらん》が喋《しゃべ》る台詞《せりふ》に、その「ありんす」が用いられていることがありますが、あのように喋っていたのでしょうか。

A86

「ありんす」については、まだまだ不明なことが多いようです。近世文学の大家として広く知られた頴原《えばら》退蔵・尾形仂《つとむ》編の『江戸時代語辞典』（角川書店・二〇〇八年）には、その「ありんす」が立項されていません。江戸新吉原の遊女が用いた〈あります〉の意の表現で、「あります」が転じたものとされています。ただ、別に、「やります」が転じた「いんす」があって、「あり」に付いた「ありいんす」が「ありんす」となったという説もあるそうです。また、多くの辞典が引く雑俳『川柳評万句合』からの「ありんすを通ひ御針もちっといい《ママ》」（松三・明和四年）からは、通いのお針子もちょっと用いる、ということでしょうか。「ありんす」を、用いた印象は、どうだったのでしょうか。その同じ『川柳評万句合』に、「ありんすが第一姑《しうと》気に入らず」とあって、これも、一般家庭のお嫁さんでしょうが、ちょっと、そういう言い方をしたいお嫁さんなのでしょう。

その別説とされる、「いんす」が「あり」に付いたとする見方は、他にも、「んす」を伴う表現がありますので、処理のしかたとしても、その「んす」を一語の助動詞とするものもあります。ただ、その原形を「ます」と見る捉え方もあって、それほどに、この周辺には不明なことが多いのです。前田勇編『江戸語大辞典』（講談社・昭和四十九年刊）は、そのように、「ます」が「んす」に転じたものと見て、「ござりんす」の「んす」なども挙げています。それらについても、そういう世界の女性の表現に限られると見て、その「んす」も、吉原詞としています。しかし、一般には、「あります」の転というにとどめて取り扱われている「ありんす」です。そういうことは、ともかくとして、その表現を世間が注目するようになったのは、そもそも、そういう場所がなくなってからではないかと思えてくるのです。『日本国語大辞典 第二版』の[語誌]⑴の「吉原の郭言葉《くるわことば》を「ありんす言葉」と称するのは江戸期には一般的でなく、明治以後使用されたもののようである。」が何に拠ったものか、わかりませんが、こういう世界については、昔はこうだった、という取り上げられ方をするように思えるからです。殊に、『古川ロッパ日記』（昭和十四年）に「ファンからの手紙に『遠山の金さん』のオイランの里ことばは、子供がアリンス言葉覚えるので困るよ。」とあるのを知ったからです。映画や演劇となると、それらしい印象を与えるために、それらしい何かを繰り返して印象づけるものです。新吉原の遊郭については、「ありんす」が、その何かだったのです。

また、雑俳の『川傍柳《かわぞいやなぎ》』に、「日本を越すとありんす国へ出る」ともありました。音数律のうえからは、「日本」は、「にっぽん」でしょうか。しかし、そこは「日本堤《にほんつつみ》」と呼ばれる新吉原通いの道として知られています。そこを通ると、「ありんす国」と呼ばれる新吉原だ、というのです。何が、そこを国名で呼ぶことになったのでしょうか。英語を話すのが英国です。フランス語で話すのがフランス国です。新吉原のそこは、ありんす言葉で話してくれる国ですから、「ありんす国」となったのでしょう。実は、丁寧な断定を表す助動詞「です」ですが、幕末に遊里の女性が多く用いたことが成立の背景の一つとなっています。その世界の雰囲気と丁寧表現のどこかが結びつくのでしょう。

これは、単に、事実として共通するということでしかありませんが、「あります」を「ありんす」という方言が近代から現代にかけて見られたもののようです。神奈川県の足柄上郡・佐渡・福井県とのことです。これも、『日本国語大辞典　第二版』の[語誌]から教わりました。

Q87

『徒然草』に「仁和寺にある法師」という書き出しの段があります。その「ある」について、「在る」だけでなく、「或る」意も併せて読みとる解説を見ることがありますが、どう受けとめたらよいのでしょうか。

A87

仁和寺の法師の話、第五十二段と第五十三段と続きますが、その前段のほうです。新編日本古典文学全集本の、その頭注が「「仁和寺なる法師」によるべきか。」で言い切られていますので、お尋ねとなったのではないでしょうか。

この「仁和寺にある」については、長く議論が続いて、その結果が田辺爵『徒然草諸注集成』（右文書院・昭和三十七年）に整理されて終了したかに見えましたが、当時、大勢を占めていた「或る」の意も併せ認める見方が、ここのところ、忘れられてきているようです。以下、その『集成』の纏《まと》めを紹介し、「或る」を認めることの問題点も添えて、お答えとしたいと思います。

そもそも、その本文ですが、正徹本には「仁和寺にある法師」とあります。他の伝本が「仁和寺なる法師」としてきているのは、書写者が、そう読みたいと思った、ということでもあろうかと思います。浅香久敬『徒然草諸抄大成』が「仁和寺に住在せる法師といへる義なり。或の字は誤也。といへども、文法はやすらかなり。」としているのは、「或る」の意を含ませようとする見方との調和を図《はか》ろうとしたものでしょうか。昭和十年代から第二次大戦後も引き続いて、その注釈を繰り返した橘純一も、〈仁和寺に在る或る法師〉という中間的訳出に落ち着かせることになったようです。

中世の、そのころの語法も併せて研究されました。『古今著聞集』の「熊野に盲目の者」とあり、『沙石集』に「下州に或る俗、生鷹をつかふ」「常州に或る法師」とある語法から、「に」に存在の意があるとする説によって、「或る」説は強力となり、湯沢幸吉郎『文語文法詳説』（右文書院）も、これを採用しました。いうならば、中世慣用の語法です。新鮮な感じでした。

安良岡康作『徒然草全注釈（上）』（角川書店・昭和四十二年）は、その「ある」に「在る」「或る」を読みとる説も「に」に存在の意があるとする説も無視して、「なら」を「にあら」と分離させる表現に注目します。「他の事にあらず。」（四九段）「さながら心にあらず。」（七五段）、また、「期する所、老と死とにあり。」（七四段）などに眼《め》を向けます。その結果として、仁和寺から男山まで四里もの道を歩いているから、かなり疲労していたろうとして、その「ある」によって、その気持ちを表そうとしていると見るようです。

『徒然草』は、伝本間の本文に異同が少ないことで知られています。その少ない異同のうちの一つが、この「仁和寺なる」と「仁和寺にある」との異同です。そこで考えられるのは、日本古典の写本の本文は、読者としての書写者の本文ということです。自分が読みたいと思う本文にしてしまう、という姿勢です。そう考えたとき、やはり、「或る」を無視して読むことはできないように思えてきます。この問題は、その本文からして、読み方の問題であり、結果だったのです。

「仁和なる法師」にした場合、その「なる」が、「春日なる三笠の山」（古今和歌集・9羇旅四〇五）が、まず浮かんできます。所在を表すという、その「なる」の捉え方も地理的な認識のように思えます。そうではあっても、「船なる人の詠める。」（土佐日記・二月四日）とあるように、人間についても用いています。「仁和寺なる法師」、何が、その「なる」を否定したのでしょうか。ところで、『徒然草』に見る連体詞「或る」、全部で、四十九回現れます。この「仁和寺にある」を除いてです。

Q88

不特定の一つを指していう連体詞の「ある」は、どのようにして成立したのでしょうか。どうして、動詞「あり」から採用されたのでしょうか。また、「とある」とか「さる」とかが、どうして必要になったのでしょうか。

A88

不特定の一つを取り上げていうのに、動詞「あり」を用いて、それを不特定のままに取り上げるとき、どうして動詞「あり」を連体形にして表現したのかというお尋ね、あまりにも難しいお尋ねです。その物については、特定できていなくて不明の事柄が多くても、取り上げる段階で、その物が〈存在する〉ことは明らかなので、というようなことが考えられてきます。こじつけのようにも思えますが、そう感じています。『竹取物語』には、嘘《うそ》の話ですから、何時《いつ》のことか、わからない「時」のことを喋《しゃべ》るところが出て来ます。「ある時は浪に荒れつつ海の底にも入りぬべく、ある時には風につけて知らぬ国に吹き寄せられて、…。」（蓬莱《ほうらい》の玉の枝）です。「ある国」「ある家」「ある日」「ある年」「ある人」など、特定しないことで、その物語が構築されることもあるでしょう。

『徒然草』の「仁和寺にある法師」（五二段）の「ある」ですが、仮に「或る」の意味も含まれているとして、兼好は、その法師について、まったく、知らなかったのでしょうか。特定できていても、あえて、こういったのではないのでしょうか。「土佐日記」に「ある人、県《あがた》の四年五年《よとせいつとせ》果てて、…。」（船路なれど馬のはなむけ）とあります。国司としての四、五年の任期を終えた、その人とは、貫之自身のことです。その自身を、「ある人」といっているのです。こういう用法もあったようです。

さて、この連体詞「ある」は、上代文献からけっこう見られるのです。『万葉集』の、長歌とはいえ、和歌のなかに、「…この道を　行く人ごとに　行き寄りて　い立ち嘆かひ　ある人は　音《ね》にも泣きつつ　語り継ぎ…」（9一八〇二）というように現れます。本文は正訓表記で、「或人者」とありました。『日本書紀』にも、「一《ある》書ニ曰《ハク》、…。」のように、随所に現れます。さらに、「乍《あるトキハ》光、乍《あるトキハ》没。」（持統紀六年）とも見られました。意外なほどに、上代から、その連体詞「ある」の用例を見るのです。

「或」字は、「亘」と「弋」との会意文字で、折木で標示した田畑の境を意味し、そのヨクという音を借りて、「ある」や「ある人」の意を担うことになったそうです。「一」字は、直ちに理解できましょう。「乍」字は、音サクで、並立の意を担っています。「あるトキハ…、あるトキハ…。」は、〈…タリ…タリ〉ということです。平安末期に成る古字書『類聚《るいじゅ》名《みょう》義抄《ぎしょう》』には、「或　アルイハ、アルトキ、アル人」とありました。日本人は、不特定の一つを表すのに、名詞を修飾する連体詞「ある」をもっていたのでしょうか。伝来の漢字「或」「一」「乍」の訓として生み出したのでしょうか。

さて、「とある」も「さる」も、「ある」とほぼ同意の連体詞です。「ある」との違いをあえていえば、指示性の副詞「さ」や「と」で、その「ある」に注目させたのでしょう。「さる」は、「さある」で、「ある」の上に指示語「さ」を冠したものです。「とある」も、「ある」の上に指示語「と」を冠したものです。「さるお方に見染められた。」とか「とある村にさしかかった。」とか、そんな雰囲気のところで用います。「ある」との微妙な違いが感じとれましょう。

Q89

連体詞「ある」ではあるのですが、ちょっと用法の違いを感じる「ある」があります。一つは、(A)「ある程度までは、…。」の「ある」です。いま一つは、(B)「ある意味では、…。」の「ある」です。また、それぞれに、同じような用例があるでしょうか。

A89

A88において、そして、それに先立って、A87の一部において、連体詞として取り扱われる「ある」について見てきています。ただ、そこでは、連体詞「ある」について、不特定の一つを指していう、という、アバウトな捉え方しかしてきていませんでした。触れてはいるのですが、きちんと整理をしていません。ここで、その二種類について明確に認識することにしましょう。

連体詞「ある」の一群は、「ある」で指し示すその対象について、示す必要がない場合です。「ある国」「ある所」「ある家」などは、間違いなく、これに属します。「ある日」「ある時」も、大方、これに属するでしょう。いま一群は、「ある」によって指し示す対象について、意図的にそういう場合です。あえて、そういう「ある人」などです。現代人にとっては、「ある会社」「ある学校」「ある省庁」というような場合もあるでしょう。お尋ねにお引きの「ある」は、右の二群以外の用法ということになるようです。

では、おっしゃる(A)「ある程度までは、…。」から考えていきましょう。(A)としてお示しの用例について、その被修飾語は「程度」という名詞ですが、その下に「まで」という限度を示す副助詞が付いていて、そのあたりまでが、この「ある」という連体詞と関わっているように感じられてきました。このような連体詞「ある」は、その発言者が許容の範囲を決めていて、その範囲内のどこかに位置するものであることを前提にして、そのうちのどこかを指していることにならないでしょうか。

この(A)群としては、その被修飾語が、この「程度」に相当する名詞であるなら、すべて、このような表現にすることができるでしょう。適宜挙げてみると、「ある段階までなら、…。」「ある分野までを…。」「ある範囲までと…。」「ある領域までで…。」などでしょうか。また、「高さ」「長さ」「広さ」を被修飾語にしても、同じような「ある」を冠した表現とすることができましょう。

では、(B)「ある意味では、…。」について考えていくことにしましょう。この「ある意味」は、一般的な考え方とは違う考え方を指して、そういっているようです。例えば、ある大学に勤務する同じ領域での研究者としての二人のライバルがいたとします。その一人（α教授）は、みごと、その成果が評価されて、世界的な賞を幾つも受けていたとします。いま一人（β教授）は、その研究は彼に及びませんでしたが、後輩や教え子のよき師として、きょう定年退職の日を迎えることになりました。教育者としてのすばらしい成果がそこにありました。ご家族にも恵まれています。送る教え子たちが秘《ひそ》かに「β先生のほうが、ある意味では、勝利者だね。」と言っている声が聞こえてくる場面など、想定してみてください。

「ある意味での勝利者」ともいえますから、被修飾語が「意味」であれば、この用法は成立するようです。この「ある」は、〈別の〉〈他の〉などと捉えられましょうか。この「ある意味」での対象者は、意外なほどの良い場合でも、悪い場合でも、いずれについてもいえるようで、「ある意味での成功者」とも「ある意味での犯罪者」ともなるようです。

「ある意味」の「意味」に相当する被修飾語としては、「視点」「メジャー（物差し）」などが挙げられます。まだ、十分に整理できていませんが、とりあえずお答えとさせていただきます。

Q90

「あるいは笛を吹き、あるいは歌をうたひ、…。」（竹取物語・貴公子たちの求婚）と「あるはひたすら亡くなり給ひ、あるはかひなくて、…。」（源氏物語・朝顔）との「あるいは」と「あるは」とは、どう違うのでしょうか。「あるいは」の「い」は、何なのでしょうか。

A90

ここに見る「あるいは」も「あるは」も、それぞれ、以下に述べる叙述が、並立の関係にあることを予告していることになります。そこで、「あるいは…、あるいは…」というように、また、「あるは…、あるは…」というようになっているのでしょう。『竹取物語』の、その用例は、〈ある時は〉笛を吹き、〈ある時は〉歌をうたい、ということです。本文は、さらに、「あるいは唱歌をし、あるいは嘯《うそ》を吹き、扇《あふぎ》を鳴らしなどするに、…。」と続きます。『源氏物語』の、その用例は、尼になった昔の源典侍《げんのないしのすけ》に再会した源氏の心内文です。この老女の若いころに競い合った女御や更衣は、〈ある者は〉すっかりお亡くなりになり、〈ある者は〉生きる望みもなくなって、と、そのように、心のなかで感じているところです。

そこで、「あるいは」は〈ある時は〉で機会を指し、〈あるは〉は〈ある方は〉で人物を指すなどと捉えたりしてはなりません。それは、文脈がそうさせているのです。どちらも、同じ機能で、どちらも、機会も人物も指して用いることができるのです。両表現の違いは、どういう文章に当時用いられていたか、という点では、違いが認められるのです。ただ、ともに仮名で書かれた中古の物語であるところから、直ぐには、そこに気づかないのです。

『竹取物語』の文章には、漢文訓読の世界の言い回しが見られます。会話文引用の前に「言はく」を用いるとか、会話文引用の前後に「言ふやう、「…。」と言ふ。」などと述べたりするとか、幾つか指摘されています。この「あるいは」も、その訓読文特有の表現だったのです。ですから、「あるいは」と「あるは」に、その機能に違いはなく、どういう文章に用いられる表現かという点での違いだったのです。「あるは」は、和文の表現で、やがて中世には、どこにも用いられなくなってしまいます。

「あるいは」の「い」は、上代に僅《わず》か見られる副助詞相当の「い」が残ったものです。『万葉集』歌に「否《いな》と言へど語れ語れと詔《の》らせこそ志斐《しひ》いは奏《まう》せ強《し》ひ語《がた》りと言ふ」（3二三七）とあります。その「い」が同じものです。いやだと言うのに、語れ語れとおっしゃるので、私志斐めは申し上げるのです、それなのに、無理に聞かせる話とおっしゃいます、という一首で、その「い」は、それに相当する現代語がありません。

その「或《ある》いは」の訓読の用例、『日本書紀』に「或いは党類《たうるい》を聚《あつ》めて辺界《ほとり》を犯し、或いは農桑《のうさう》を伺ひて人民《おほみたから》を略《かす》む。」（景行四十年）などが見られます。〈ある場合は〉徒党を組んで辺境を侵し、〈ある場合は〉収穫の時を伺って人民を略《かす》め取っている、というところで、景行天皇が蝦夷《えみし》について日本武尊《やまとたけるのみこと》に語っている会話文のなかの用例です。

その「あるいは」は、中古には、限られた和文に、やがて中世以降は広く用いられて、接続詞化もしていきます。ただ、その「い」については、仮名違いのうえで、ハ行の「ひ」と思いこまれ、「あるひは」とされてきました。副助詞「い」の研究が進んで正されました。古典語としても「あるいは」だったのです。

現代語「あるいは」は、〈または〉〈もしくは〉の意の接続詞だけでなく、〈ひょっとしたら〉の意の副詞としても用いられるようになってきています。

Q91

〈すべての〉とか〈ある限りの〉とかいう意で用いる「あらゆる」という連体詞があります。「所有」という漢字二字を、そう読むのは、どうしてですか。その「ゆる」は、「いはゆる」の「ゆる」と同じと見てよいでしょうか。

A91

「あらゆる手段を試みた、」などという、その「あらゆる」という連体詞について、ある程度、ご認識のうえでのお尋ねと思います。どうも、上代語らしい、いや、上代語としても古いほうらしい、と思っていらっしゃるのだろうと思います。しかし、上代の文献のうちの、一般に読まれる『日本書紀』のなかなどには、その用例が現れてくれません。ですから、「所有」を「あらゆる」と読むのだと教わっても、その用例はどこにあるのだ、といいたくなってのお尋ねのようにも思えます。

『日本国語大辞典 第二版』は、二つの経典の訓点で、そのように読まれた用例を挙げてくれています。『地蔵十輪経《じぞうじゅうりんきょう》』元慶七年点の「衆生の宿の悪業と刀兵と病と饑饉とを、所在（アラユル）悩害に随ひて皆能く解脱せしむ」と『金剛頂瑜伽修習毘盧遮那三摩地法《こんごうちょうゆかしゅじゅうびるしゃなさんまちほう》』寛弘九年点の「所在（アラユル）如来の三界の主として」とです。次は、中世の米沢本『沙石集』からで、「此山のあらゆる虵一と口つつかみて」（9四）となっていました。蛇が人妻を犯した話のなかの用例で、現行の表記に改めると、「此の山のあらゆる蛇、一口づつ噛みて」となるところです。

上代には、後世の「る」「らる」に先行する助動詞「ゆ」「らゆ」が存在しました。『万葉集』歌に受身の意の「か行けば人に厭《いと》はえ かく行けば人に憎《にく》まえ」（5八〇四）がありました。『日本書紀』の訓読文に可能の意の「山越えて海渡るともおもしろき今城《いまき》の内《うち》は忘らゆましじ」（斉明紀）がありました。自発の意を表す「ゆ」の用例は、「思はゆ」「泣かゆ」などが何用例か挙げられます。その「思はゆ」の

「は」が「ほ」に母音転化した「思ほゆ」は、上代にも中古にも、大量に使用されています。

そのような研究を受けて、いまでは、「あらゆる」は、ラ変動詞「あり」の未然形に自発の助動詞「ゆ」の連体形が付いたものである、と説明できるようになっています。お尋ねでお触れの「いはゆる」も、ハ行四段活用動詞「いふ」の未然形に、こちらは、受身の助動詞「ゆ」の連体形が付いたものと説明できるようになっています。お尋ねには、これでお答えしたことになりましょうか。

ところで、その「いはゆる」のほうは、用例が、幾つか残っています。『日本書紀』に、「中に一つの剣有り。此れ所謂（イハユル）草薙剣《くさなぎのつるぎ》なり。」（神代上）がありました。中古の『宇津保物語』にも、少し下って、『大鏡』にもありました。当初から、〈世間でいわれている〉意です。同じ、「ゆる」でもこちらは、受身です。「あらゆる」の「ゆる」は、自発です。その「あらゆる」は、〈自然と存在する〉から、〈存在するすべての〉を意味するようになったのでしょう。その「ゆる」を可能とするものもあるようですが、古典語の可能は、打消表現を伴った場合に限られるようなので、自発という理解にしておこうと思います。

「あらゆる」は、いわゆる古典語の時代の用例が、あまり残っていなかったこと、既に確認してきています。ただ、それは、文献に残る用例は限られたということで、中世の易林本『節用集』という国語辞書には、「所有」という漢字表記も残してくれてありました。その「所」字は、漢文で勉強するように、受身を表しています。それにしても、その「あらゆる」は、古典語の時代よりも、明治・大正の近代のほうが多く用いているのではないか、と思えてきました。いかがでしょうか。

Q92

『古事記』歌謡に「…麗《くは》し女《め》を有りと聞こして さ呼ばひにあり立たし 呼ばひにあり通はせ…」（上・2）とありますが、「あり通ふ」とは、どういう動作をいうのでしょうか。
また、このような、「あり」を前項とする複合動詞は、上代に限られるのでしょうか。

A92

八千矛神《やちほこのかみ》（大穴牟遅神《おおあなむちのかみ》）が越《こし》の国の沼河比売《ぬなかわひめ》と結婚しようとお出ましになったときに歌った歌謡です。その越の国に美しい女性がいるとお聞きになって、求婚にしげしげとお出かけになり、求婚に〈通い続け〉られ、と歌っています。そのように、〈通い続ける〉ことを「あり通ふ」といっていたことになります。その直前にある「あり立たし」の「あり立つ」も、「あり」を前項とする複合動詞です。〈しげしげと出かける〉〈外出し続ける〉というようなことになりましょう。

上代には、このように「あり」を前項とする複合動詞が見られました。『時代別国語大辞典上代編』（三省堂・昭和四十二年）が立項しているものとして、他に「ありく（由来）」「ありたもとほる」「ありなぐさむ」「ありまつ」「ありめぐる」「ありわたる」がありました。そこで、学習古語辞典としての自編書『ベネッセ全訳古語辞典』（一九九六年）と対照させましたところ、重なるのは、「ありわたる」だけでした。「あり」を前項とする複合動詞は、おおむね上代に限られる、といっていいようです。

ただ、一語、出典が中古の「ありわぶ」だけが、『ベネッセ全訳古語辞典』に立項されていました。東下りの「京にありわびて東《あづま》に行きけるに、…。」（伊勢物語・九段）で、都に〈いづらくなっ〉て東国に行ったところ、というところです。恐らく上代という時代にも用いられていたのでしょうが、あいにくと文献資料に残らなかった、と思ったりもしています。その一方で、『伊勢物語』のこの段を創作したか、回顧して述べたか、その段階で、業平であるか、誰であるかはわかりませんが、とにかく、その作者が、上代に見る「あり」を前項とする複合動詞を模して、造語したものと見ようとも思っています。

　複合動詞の前項・後項の関係は非常に微妙で、一概には取り扱えない問題が幾つもあるようです。事態の進行が明確に捉えられるものとそうでないものという、その動作そのものが微妙なものもあって、前項・後項の各動詞が、どちらにもなって複合しているものもあります。「聞き伝える」と「伝え聞く」となどが、その該当例です。古典語にも、「出《い》で立つ」と「立ち出づ」とがありました。そこで、その「あり」を前項とする複合動詞の「あり」が、もし後項に移されたとしたら、どうなるでしょうか。「あり通ふ」は、「通ひあり」となるでしょう。すると、その「通ひあり」は、「通へり」となるでしょう。A50を見てください。あの、存続の助動詞「り」ということになります。「あり」を前項とする複合動詞が中古に急に見られなくなる理由、こんなことも考えたくなります。

　お尋ねにはございませんが、近世のあたりから現れる「あり」を前項とする複合動詞もあります。「あり余る」「あり合わせる」「あり来《きた》る」「ありふれる」などです。そのうち、「あり合わせる」「あり来る」は、その連用形を名詞化させてもいます。「ありうる」「ありえる」の「うる」「える」は、補助動詞と見たいと思います。「ありかつ」「ありそむ」「ありはつ」「ありふ」の「かつ」「そむ」「はつ」「ふ」は、同じく補助動詞や補助動詞に準じるものと見てよいでしょう。「ありつく」は、中古から現代までということのようで、「あり」を前項とする複合動詞としては長命のようです。中古語に「ありならふ」がありました。上代の「あり」前項複合動詞と同じ語構成です。この「あり」前項複合動詞、中古以降も細々と命脈を保ってはいたようです。

Q93

「あり」は、「ありありて」というように重ねて用いられる用例を見せますが、どういうことなのでしょうか。副詞の「ありありと」も、成立の事情が知りたくなります。連体詞的な「ありとある」についても、成立の事情を教えてください。

A93

この表現形式は、「あり」だけでなく、例えば、「行く」の「行き行きて」などが浮かんでくるでしょう。『伊勢物語』の「東下り」にも、大きく下って、『奥の細道』に載る芭蕉《ばしょう》の同行者の曾良《そら》の句の初五にも、〈どんどん行って〉の意の「行き行きて」が見られます。

そのように、その動作を重ねることを表すのがこの表現法ですから、「ありありて」は、〈このまま続けて〉ということになります。『万葉集』歌の「ありありて後《のち》も逢《あ》はむと言《こと》のみを固く言ひつつ逢ふとはなしに」(12三一一三)で、〈このまま生き続け〉て、その後も逢おうと、ことばだけを固く言い約束し〉ながら、逢うこともなくて、という一首です。さて、その状態をどう受けとめるかで、〈あげくの果てに〉〈とうとう〉の意味ともなります。『源氏物語』に見る「人の思ひ言はむこと、よからぬ童《わら》部《はべ》の口ずさびになるべきなめり。ありありて、をこがましき名を取るべきかな。」(夕顔)は、物《もの》の怪《け》が夕顔の女を取り殺した、その直後の描写です。夕顔の変死について、世間の人々が思うことを噂《うわさ》にしたりすることは、よくない連中の無責任な噂の種になるにちがいないようだ、〈あげくの果てに〉夕顔を亡くした源氏はみっともないという評判をとるにちがいないなあ、というところです。このような「ありありて」は、もう常套《じょうとう》的な慣用句となっていて、〈とどのつまり〉ぐらいが当たりましょう。

「ありありと」は、その「と」を添えても添えなくてもよい副詞です。ですから、「ありあり」でも用いられます。これは、終止形「あり」が畳語として重なったものです。さきの「ありありて」は、連用形が重なっているのですから、ここが大きく異なります。では、「ありあり（と）」という副詞が終止形「あり」の重なったものであること、どうしたら、証明することができましょうか。〈将来〉を意味する副詞「ゆくゆく」は、どのようにして成立したかというと、終止形「行く」が重なったものなのです。〈見ているうちに〉〈どんどん〉の意の副詞「みるみる」は、動詞「見る」の終止形の畳語だったのです。成立の事情、見えてきたでしょうか。連用形が重なるのでしたら、「ゆきゆきと」「みみて」になってしまっていましょう。

「ありあり（と）」という副詞は、中世から見られます。天草本『伊曾保』に、「イカニモariarito（アリアリト）コタエタ。」（イソホの生涯の事）とありました。ローマ字書き日本語資料に、そうありました。〈はっきりと〉ということです。その言動の明瞭さをいっていますので、現代語の用法とはちょっと違います。いや、当時も、〈まざまざと〉の意の「ありありと」はあったでしょう。現代語としては、「その時の光景がありありと目に浮かぶ。」のような用例に限られてきています。

「ありとある」は、〈存在するすべての〉というような意味で、『竹取物語』にも『枕草子』にも、その用例を見ることができます。その「ありとある」の「と」の下に副助詞「し」を加えることもありました。「ありとしある」です。この「ありとしある」によく似た印象の表現、思い出せましたか。あの「生きとし生けるもの」です。A51を、ちょっと見てください。さらにいうと、「ありとある」の「と」と同じ「と」を用いた表現として、『宇治拾遺物語』に、「食ひと食ふ」（3―六）がありました。

「あり」という動詞が、「ありあり（と）」や「ありありて」や、さらには「ありとある」となって用いられているのには、それぞれに共通する語構成や連語構成の類型があって、誕生してきていたのです。それぞれ、類型あっての誕生であることを確認したいと思います。

Q94

古典文に見る「落窪《おちくぼ》にもあれ、上《あ》がり窪《くぼ》にもあれ、…。」（落窪物語・二）の「あれ」も、現代文「課長であれ、部長であれ、…。」も、同じ用法の「あれ」と見てよいと思いますが、文法上の術語を厳密に用いて説明してください。

A94

『落窪物語』の、その本文は、落窪の姫君を中納言邸から救出した、あの少将が、もう中将になっていて、その中将に、乳母が右大臣の姫君との縁談をもってきたのに対して、中将が言った会話文です。〈落窪という、床《ゆか》を一段低く作った部屋であろうと、上がり窪という、床を高くした立派な部屋であろうと、〉という前置きで、それに続けて、「忘れじと思はむをば、いかがはせむ。」と言って、〈落窪の姫君を忘れまいと思う心は、どうしようもないのだ。〉という、乳母がもってきた縁談を拒《こば》んでいる表現です。

その「落窪にもあれ、上がり窪にもあれ、」の「あれ」は、直前の係助詞「も」を取り除くと、「に」と「あれ（←あり）」とですので、融合すると断定の助動詞「なり」であろう、と見えてきます。その「に」は、そのとおり、断定の助動詞「なり」の連用形で、「あれ」は、補助動詞「あり」の命令形です。その命令形は、〈…であってもかまわない〉という、放任と呼ばれる用法です。この用例については、いっそう厳密には、〈…であったとしても、〉が並立の関係で並びますので、仮設の意を担っていると見たほうがよいことになりましょう。

その「…にもあれ、」の「もあれ」は、「まれ」というように約音化されて表現されます。「我死なば代はりには、男子《をのこご》にまれ、女子《をんなご》にまれ、君に仕うまつれ。」（落窪物語・四）や、「あが君を取りたてまつりたらむ、人にまれ、鬼にまれ、返したてまつれ。」（源氏物語・蜻蛉）などです。いわゆる放任表現です。

その仮設と呼ぶ用法は、条件法としては、逆接仮定条件に相当します。その「もあれ」は、断定の助動詞「なり」の補助活用の「あり」の命令形だけでなく、補助動詞「あり」の命令形に、広く及ぶものでした。いっそう古く、「とまれかうまれ、疾《と》く破《や》りてむ。」（土佐日記・二月十六日）とありました。その「とまれかうまれ」は、「ともあれかくもあれ」で、副詞「と」「かく」に係助詞「も」が付いて、それらを補助する補助動詞ありの命令形放任表現ということになります。

　断定の助動詞「なり」は、もともと、「に」と「あり」とが融合して成立しました。そして、その後、また、その「に」と「あり」とを分離させて、接続助詞「て」を介在させて、「にてあり」とも表現されました、その「にてあり」が、この放任表現とも重なって、「中納言にてもあれ、大納言にてもあれ、…。」（落窪物語・二）というようにも表現されました。その「に」は撥音化し、続く「て」が濁音化して、やがて、「で」、となっていくことが見えてきましょう。それが、「で」となったとき、その「で」は、新たに誕生した断定の助動詞「だ」の連用形ということになります。

　お引きの「課長であれ、部長であれ、社則に反する行為は許さない。」などの「あれ」は、現代語の断定の助動詞「だ」が成立してからの、その補助動詞「ある」の命令形で、放任用法の用例ということになります。形容詞の補助活用としての「ある」も、その命令形「あれ」として放任表現を担っています。「多かれ少なかれ」「遅かれ早かれ」「善《よ》かれ悪《あ》しかれ」などですが、そこに「あれ」が含まれていること、見えてきたでしょうか。現代語「ともあれ」は、一語の副詞として取り扱われていますが、本来、その「と」は副詞、「も」は係助詞、「あれ」は、放任用法の命令形だったのです。

Q95

「課長であれ、部長であれ、…。」という放任表現は、「課長にせよ、部長にせよ、…。」にも「課長にしろ、部長にしろ、…。」にも言い換えられますが、「時代は、どうあれ、…。」の「あれ」は、「せよ」「しろ」に言い換えられません。どうしてでしょうか。

A95

「あり」「ある」系放任表現については、A94において、おおよその全体が見えたと思います。お尋ねは、その「あり」「ある」系と対応する「す」「する」系の放任表現との関係ということになりましょう。その「す」「する」系放任表現については、本書と姉妹関係にある『先生のための「する」という動詞のQ&A103』のA63・A64・A65に詳述してあります。ただ、お尋ねのように、その両表現についての言い換えの可否については、今回、始めて登場してきたことになります。

その「す」「する」による放任表現は、文語性の言い回しとなる「…にせよ、…にせよ、」としても、口語性の言い回しとなる「…にしろ、…にしろ、」としても、ともに表現可能です。お示しのように、名詞に直接させて表現できます。それだけでなく陳述の「である」をその名詞に伴わせて、「課長であるにせよ、部長であるにせよ、」といったり、「課長であるにしろ、部長であるにしろ、」といったりもします。「す」「する」系放任表現は、時代的にいうと、時代が下ってから登場してきました。表現の形式については、こちらのほうが整っています。単純なことですが、制約が明確です。

ここで、「時代は、どうあれ、親子の愛に変わりはない。」などの「どうあれ、」について、注目していきましょう。この「あれ」も、放任表現の命令形です。「どう」という疑問というか不定というか、そういう副詞に付いて、〈どうであってもいい、〉という不特定の意を表しています。この場合についていうと、時代を特定しない意を表しています。そのような不定詞に付く「あれ」を中世にまで遡《さかのぼ》ると、『徒然草』の「いづくにもあれ、しばし旅だちたるこそ、目さむる心地《ここち》すれ。」（一五段）が思い出されます。〈どこでもいい、〉ということです。不特定の放任表現です。旅先を特定しない意を表しています。現代の表現としては、「誰であれ、哲学を語る友人がほしい。」の「誰であれ、」なども、そういう放任表現ということができましょう。それら各用例は、いずれも、不特定の意を表す放任表現として共通しますが、その「あれ」の直上は多様です。

　そこで、右の不特定の意を表す放任表現を「す」「する」系の放任表現に言い換えてみましょう。「いづくにもあれ、」は、「いづく」が古典語ですので、〈どこ〉に言い換えると、「どこにせよ、」で、「す」「する」系放任表現に言い換えることができました。「誰であれ、」は、「誰にせよ、」で、言い換えが可能となりました。お尋ねにおっしゃるとおり、「どうあれ、」だけが、「す」「する」系放任表現に言い換えることができません。その理由は、「どう」という副詞は、格助詞「に」を接続させることができないからです。「す」「する」系放任表現の「せよ」「しろ」は、格助詞「に」にしか付かないのに、副詞「どう」は、格助詞「に」を伴うことができないからでした。

　ただ、そのような副詞「どう」であっても、陳述の「である」を伴わせた場合には、「す」「する」系放任表現とすることが可能となります。「時代は、どうであるにせよ、」「時代は、どうであるにしろ、」です。放任表現としての「せよ」「しろ」が、直上に格助詞「に」を強く要求したところから、陳述の「である」を借りることになったのでしょう。

Q96

女性が、行儀悪く、着物の着方がだらしない場合などに、「あられもない（姿）」ということがあります。自分でも、そう言っているのですが、「あられ」の意味がわからないままで、いつも不安な思いです。どういう意味で、どのように成立したのでしょうか。

A96

おっしゃるとおり、「あられもない」の「あられ」を立項してくれてある国語辞典はないでしょうので、その「あられ」の意味が知りたいというお気持ち、よくわかります。

『宇治拾遺物語』に見る「一乗寺僧正は、大嶺《おほみね》は二度通られたり。蛇を見る法行はるる。また竜の駒《こま》などを見などして、あられぬ有様をして行ひたる人なり。」（5九）は、一乗寺僧正が希代の高僧だったことを述べています。僧正は、大峰の霊地を二度お通りになり、蛇を見あらわす法を行い、竜の駒などを見あらわすなどして、〈普通では考えられない〉修行をした人でした。「あら」は、動詞「あり」の未然形で、それに可能の助動詞「る」の未然形「れ」が付き、さらに打消の助動詞「ず」の連体形「ぬ」が付いているのが、この「あられぬ」です。新編日本古典文学全集本の通釈を見ると、〈一風変わった〉となっていました。厳密にいうと、〈そうあることが許されない〉、ということになります。

時代が少し下って、仮名草子の『浮世物語』に「大酒を飲みて心みだれ、あられぬ口をたたき、酔狂して、醒《さ》めて後、悔やむべし。」（上・九）とありました。大酒を飲んで、心が乱れ、〈言ってはならない〉お喋《しゃべ》りをして、酔って暴れたりして、酔いが醒めた後で、後悔するにちがいない、というところです。〈そうあることが許されない〉意ですが、ここでは、〈言ってはならない〉ところに用いています。

古い時代の日本語では、可能の表現は、打消の表現を伴うことなくしては用いられませんでした。ここでも、可能の助動詞「れ（↓る）」が用いられているのは、次に打消の助動詞「ぬ（↓ず）」があったからです。ところが、その「ぬ」を、「ない」に言い換えなければならない時代を迎えます。このあたりの事情については、A20・A85などを参照してください。いま、どこかに「あられない」という用例資料があっていいと思って、探しています。一方で、「ない」は、古典語形容詞「なし」が現代語形容詞に近づいた「ない」がありました。そもそも、打消の助動詞「ない」は、その「なし」が変化した「ない」に引かれて成立したのですから、その「あられない」が、「あられ」と形容詞「ない」に意識され、間に係助詞「も」が介在することになって、「あられもない」が成立したのではないか、と推測しています。「あらしめる」という発想に対応する「あられず」を想定していた日本人の存在認識の緻密《ちみつ》さに驚いています。その「あらしめる」は、A84に詳述してあります。その「あらしめる」より先も先、あの聖徳太子が生前に墓をお決めになって、「ここを、切れ、かしこを断《た》て。子孫あらせじと思ふなり。」と遺言されました。それを兼好が『徒然草』（六段）に書き残してくれてあります。折口信夫のいう「静かに此母からあとを消す為に家に後《ノチ》あらせぬ以外にない。」（全集33巻「わが子・わが母」）の「あらせぬ」も、その言い回しを受けていると見てよいでしょう。

さて、その「あられもない」は、いつごろから用例を見せるのでしょう。近世に現れた「あられもない」には、単に〈存在可能なことではない〉意と、お尋ねにお示しの〈女性などの態度や振る舞いが適当でない〉意とが見られました。現存資料からいうと、後者の資料のほうが古く、初出は『評判記』の「あられもないこと、たれがさういわん《ママ》すぞ。」（難波鉦）でした。一六八〇年の資料です。浄瑠璃の『平家女護島』にもありました。「女の丸裸《まるはだか》、…、若布荒布《わかめあらめ》あられもない裸身《はだかみ》に體《はも》がぬら付ぼらがこそぐるかざみがつめる」（二）です。

Q97

「あるだけ全部下さい。」という一方で、「ありったけ下さい。」ともいいます。「あるだけ」と「ありったけ」とは、関係あるように感じられるのですが、その関係がよく見えてきません。殊に「ありったけ」の「たけ」は何なのでしょうか。

A97

まず、「あるだけ全部下さい。」の「あるだけ」から、確認していきます。「あるだけ」は、動詞「ある」の連体形に副助詞「だけ」が付いていて、はっきり二単語であって、物量の存在する範囲を限定しています。その「あるだけ」の下には格助詞「を」を想定して解するヲ格の補充成分で、述語「下さい」が、それを受けます。「全部」は修飾部で、副詞的用法となっています。

ところで、その副助詞「だけ」は、もともとは、名詞「丈《たけ》」でした。現代語としては、「年の丈」とか「スカートの丈」とかいう「丈」です。「背丈《せたけ》」という複合名詞の一部となっている「丈」です。古典語としては、物の高さ・長さのほか、形式名詞として程度や限界を表していました。そこで、「あるたけ」という、「ある」に「たけ」が付いたものが、いつか複合名詞ともなっていました。中世の抄物の『玉塵抄《ぎょくじんしょう》』に「吾が才智のあるたけをのこさずつくいて奉公して用にたてた心ぞ。」(二三)とありました。まだ、「だけ」という副助詞になっていない段階の用例です。

でも、日本語の動詞の名詞化は、連用形を名詞化するのが原則でした。「あるたけ」ではない、同じ意味の「ありたけ」も現れていたのです。「笑ふ」の連用形「笑ひ」が名詞化したり、「泣く」の連用形「泣き」が名詞性をもって、複合名詞「泣き声」となっていくように、「あり」の連用形「あり」が名詞性をもって、複合名詞「ありたけ」ともなっていたのです。複合名詞「ある丈」と「あり丈」とが、中世には見られたのです。実は、これも同じ『玉塵抄』に「図のありたけをとりだし、はてたれば、その下にを《ママ》いた剣がみえたぞ。」（三）とありました。文意は読みとりにくいところですが、とにかく、『玉塵抄』には、「あるたけ」とも「ありたけ」ともいう、両形の〈ある物全部〉という意の複合名詞があったのです。

動詞の連用形で、新しい名詞をつくるという、日本語の大きな原則は強いものですから、やがて「あるたけ」は、複合名詞ではない二単語の「あるだけ」となっていったのでしょう。複合名詞として残ったのは、「ありたけ」のほうでした。「ありかね（有り金）」「ありぎれ（有り布）」「ありさま（有様）」など、同じ語構成の仲間も、その定着を促したことでしょう。そして、機能としても、名詞から副詞的用法をも見せることになります。それだけではありません。その副詞としての修飾機能を強めるためからでしょうか、「ありだけ」という、「あり」と「たけ」との間を促音化させてもいきました。「首ったけ」が、同じ現象を見せた用例として挙げられましょうか。こちらは、名詞から形容動詞化しています。

「あるだけ」と「ありったけ」との関係、以上でご理解いただけたでしょうか。「たけ」は、既に述べてきましたが、「丈《たけ》」でした。そうでした。樋口一葉の小説『たけくらべ』の「たけ」でもあったのです。それが、近世という時代、つまり、江戸時代に、副助詞「だけ」になっていったのです。

最後に、名詞の「ありったけ」を紹介しておきましょう。「ありったけの声を出す。」「知恵のありったけをしぼる。」など、格助詞が付いています。副詞「ありったけ」は、述語「下さい」を修飾していました。

Q98

〈物事の様子〉を「ありさま」といいます。ほぼ同じ意味のように感じる「ありよう」ということばもあります。「ありよう」のほうが幾つかの用法を見せるようですが、とにかく、「ありさま」と「ありよう」とは、どう認識したらよいでしょうか。

A98

お尋ねは、現代語に限って、「ありさま」と「ありよう」とをどう認識したらよいか、ということだと思います。現代語の「ありさま」は、ブランチなしにとどめることができましょう。「ありよう」には、三つ必要です。そして、「ありさま」と「ありよう」とを、ほぼ同じ意味とは思わないようにしたほうがよいでしょう。

「ありさま」は、漠然と受けとめた外観を、そういうようです。「世の中のありさま」などです。場面としては限られても、刑事ものドラマの、そのシーンも、「荒された室内のありさま」といえるでしょう。これも、外観です。古典語「ありさま」には、人間の容姿や態度、境遇や身分、気配や形勢、また、物事の事情や経緯にも及ぶようで、ブランチを四つも五つも必要とするようです。現代語の時代に入って、大幅に使用範囲が狭《せば》まっているといえましょう。

「ありよう」は、まず、〈理想的なあり方〉〈期待するあり方〉をいうと思います。「政治のありよう」「教育のありよう」などです。「教育のありようを述べる。」は、この①のブランチに当たりますが、「教育のありようを批判する。」となると、単に〈あり方〉をいうことになるようです。ブランチ②でしょうか。ブランチ・ナンバーの①・②を逆にしたいようにも思うのですが、説明の順序としては、こうなるようです。この②については、〈ありのまま〉〈実情〉としても捉えられます。「ありさま」も、「ありよう」の①・②とも、連体修飾語なしには用いられないようですが、「ありよう」のブランチ③は、その必要がありません。その代わり、「ありようがない」という連語となって、「ありよう」は、〈あるはず〉の意となります。ただ、この③は、徐々に見なくなってきているように思います。「ありよう」も、古典語「ありやう」には、事態の進行過程、原因や事由、実情や実際、そして、理想像を述べるための抽象名詞でした。現在は、その理想像を示す〈あるはずの姿〉をいう意が残っているだけとなりました。

お答えは、以上のようなところでお許しください。「ありさま」も「ありやう」も、中古から、物事の状態を捉える複合語として生み出されました。「さま」だけでは担いきれないところから、まず、「ありさま」が誕生したのでしょう。次いで、「ありさま」の「さま」に相当する漢字「様」を音読したと見ることができます。ただ、その「やう」については、和語説もあります。いずれにしても、微妙な差違を求めた結果と見たいと思います。現在、漢字表記については、「ありさま」は「有様」、「ありよう」は「有り様」とする傾向にあります。

中世に至って、これも、物事の状態を表すことを目的に、「ありてい」が造語されます。その最も早い時期の用例が、なんと、『日蘭辞書』にあって、「アリヤウ（訳）Aritey に同じ。」とあったのです。この「てい」は、もちろん、「体」の字音で、漢音です。そうなると、「ありやう」の「やう」は、やはり、漢字音と見たくなります。「ありてい」は、当代の、まず、抄物《しょうもの》という漢籍の注釈書に見られ、近世にも、相応の用法と用例とを見せます。いま、漢字表記は、「有り体」のほうが多いでしょうが、その「ありてい」も現代では、〈ありのまま〉の意だけとなってきているようです。そして、いま、形容動詞化してもいるようです。「ありていに言えば、」の「ありてい」です。

Q99

加計《かけ》学園の獣医学部新設をめぐって、「加計ありき。」というように言われていましたが、その「ありき」とは、どういうことですか。「始めに言葉ありき。」と関係あるのでしょうか。その「ありき」、わかったような、わからないような、もどかしい気持ちでいます。

A99

「き」は、直接経験の過去を表すといわれていますが、近代文語としては、実際に存在したことを強調する働きとなっていましょうか。「ありき。」が〈あった。〉であることの説明など、必要なかったでしょう。この用法、〈既に決まっている。〉意だといったほうがいいでしょう。

新約聖書のヨハネによる福音書《ふくいんしょ》の冒頭の一文、その「始めに言葉ありき。」の「ありき」から、このような意味が生まれたと見るのは、知っていてよい常識でしょう。そうはいっても、そうだといいきれるわけではありません。それにしても、その訳文は、誰の手に成ったのでしょうか。アメリカ人宣教師ヘボンが新約聖書の翻訳を完了したのは、明治十三年、山本秀煌《ひでてる》の助力を得てだったとのことです。ただ、それにも、幾つものお説があることも知られています。そういうことは、ともかくとして、現代の日本人が「ありき」を認識する契機となっていることは、確かなところです。

和文では、意外なほど出会えないようです。『古今和歌集』の「いにしへにありきあらずは知らねども千年《ちとせ》のためし君にはじめむ」（7哀傷三五三）ぐらいかと思います。宴会の席での即興歌のようで、今日《きょう》のような祝宴が昔も〈あった〉かなかったかを、私は存じませんが、千年の長寿を祝う先例を、今回の親王様から始めることにいたしましょう、という祝意の表明です。哲学青年といってよい素性《そせい》法師の作で、その『素性集』から、本康親王の五十賀の折の作とわかります。続く「あらず」について、佐伯梅友は〈違う〉と解し、亀井孝は、誰かが千年の祝賀があったと言ったのに対して、〈違う〉と言ったのだ、としています。

埴谷雄高《はにやゆたか》『死霊』の五章の「夢魔の世界」には、「光あれといえば／光ありき」とありました。二行に分かち書きした詩に見る「ありき」でした。神秘的とか超常的とかいわれていますが、実は徹底した論理表現で、「光あれといえば」という条件句を受けての「光ありき」ですから、既にあった、ではなく、〈直ちにあった〉でしょう。その「いえば」は、仮定ではなく、古い確定のほうではないでしょうか。

古典文法に見る「き」は、伝承回想の「けり」との対比によって体得されます。その「き」「けり」の別を明快に認識させてくれたのは、英語学者の細江逸記《いっき》でした。『竹取物語』の用例を資料に、「き」は目睹《もくと》回想、「けり」は伝承回想と教えてくれました。いま、さらに、「き」は直接経験の過去、「けり」は間接経験の過去と認識されるようになっています。しかし、現代語のなかの「ありき」は、そうではないようです。

「加計ありき。」などの、現代文のなかの「ありき」は、議論とか手続きとか以前に、その結論や決定が既得の事柄となっているような場合に用いる表現、といっていいでしょうか。「結論ありき。」で始まった審議会などが、もう相当広く行きわたっていると思います。「採択ありき。」で申請した研究費なども、もう長きにわたっているようにも思えます。そういう風潮のなかで、何度提案しても、上告しても、否決される事案もあります。何度申請しても認可の得られない研究計画もあります。会議も手続きも形式だけで、内容についての審議や審査が空洞化しています。そんななかで飛び交う、この「ありき」です。

十八歳人口が大幅に減少、募集停止の大学や、改組を繰り返している大学が多いなか、新学部新設については慎重であってくれなければなりません。そういうなかでの「加計ありき。」でした。

Q100

古典文の文末、殊に、挿入文の文末表現「おぼろけの願《ぐわん》によりてにやあらむ、風も吹かず、よき日出で来て、漕ぎ行く。」（土佐日記・一月二十一日）の「にやあらむ」などは、その後、どうなったのでしょうか。その推移と結果とを教えてください。

A100

その日、朝六時に船を出しました。船団をつくっての帰京の船旅ですので、他の人々の船も出航した、その日の記事です。挿入文「…にやあらむ、」は、原因や理由を疑問文の形式を借りて表現するものが多く、ここも、そういう用例です。並々ならぬ祈願の効験によって〈であろうか〉、風も吹かず、すばらしい天候になって、漕いでいく、というところです。「に」は断定の助動詞「なり」の連用形で、次に、疑問の係助詞「や」が挟み込まれ、続いて、その「なり」の一部といってよい補助動詞「あり」の未然形「あら」が続き、推量の助動詞「む」の連体形で「や」の結びとなっていて、「おぼろけの願によりてにやあらむ、」で、一文となっています。ただ、その一文は、挟み込まれているもので、お引きになっている「…、漕ぎ行く。」までが、一般にいう一文です。

中古の和文にはもとより、中世には和文にも和漢混交文にも、極めてしばしば、その「…にやあらむ、」も、また、そこで言い切る「…にやあらむ。」も見ることができます。『枕草子』には、「…、三月つごもり方《かた》は、冬の直衣《なほし》の着にくきにやあらむ、うへの衣《きぬ》がちにてぞ、殿上《てんじやう》の宿直姿《とのゐすがた》もある。」（四七段・職《しき》の御曹司の西面《にしおもて》の立部《たてじとみ》のもとにて）とありました。『源氏物語』にも、「女君、ふとも入り給はず、聞こえわづらひ給ひて、うち嘆きて臥《ふ》し給へるも、なま心づきなきにやあらむ、ねぶたげにもてなして、とかう世を思し乱るること多かりき。」（若紫）とありました。いずれも、挿入文としての用例です。挿入ではない、その文末にも、幾例も現れます。これも、『枕草子』に、「よもよもの関こそ、いかに思ひ返したるならむと、いと知らまほしけれ。それをなこその関といふにやあらむ。」（一〇七段・関は）とありました。『源氏物語』には、会話文末にも現れて、「…。くはしきことは、下人《しもびと》のえ知りはべらぬにやあらむ。」と聞こゆ。」（夕顔）とありました。

中世に入っても、その「…にやあらむ」は見られます。ただ、時に、例えば『平家物語』には、「少将まちうけ奉ッて、…「…。かなふまじき由頻《しき》りに宣ひつれども、出家入道まで申したればにやらん、しばらく宿所におき奉れと宣ひつれども、始終よかるべしとも覚えず。」…。」（2・少将乞請《しょうしょうこいうけ》）とあります。会話文中の一文の、その挿入文に見る用例です。よく見ると、「にやあらん」の「あ」が落ちて、「にやらん」となっていました。

さらにちょっと時代が下ります。『徒然草』です。あの、高名の木登りのところです。「鞠《まり》も、難きところを蹴出《けい》だして後《のち》、安く思へば必ず落つと侍るやらん。」（一〇九段）とあります。さきの「にやらん」から、さらに「に」が落ちて、「やらん」だけとなっていました。次は、近世です。江戸時代です。西鶴の作品です。「その人の二番目の子を、女房どもが何と思ひ入りましたやら、是非にと望みます。」（世間胸算用《せけんむねさんよう》）となっていました。もう副助詞になってしまっていました。そして、近松門左衛門の浄瑠《じょうる》璃《り》では、「理屈をつめてねだれ言《ごと》、腹が立つやら、憎いやら。」（冥途の飛脚《めいどのひきゃく》）ともなっていました。並立の関係を表すのに用いられるところから、並立助詞とする説もありましょう。

中古の和文に、あれほど用いられていた「にやあらむ」が、中世の軍記物語には「にやらん」となっており、『徒然草』では「やらん」となっていました。その時代、作品によっては、「やらう」と書かれていることもありました。そして、近世には、助詞「やら」となっていたのです。現代語でも、もちろん使っていましょう。お気づきになりましたか。

Q101

古典語動詞「あり」は、他の動詞に付いて新しい動詞を誕生させてきていますし、他の語句などにも付いて、次々と新しい動詞を誕生させてきているようです。この機会に、その全体が見えるように認識させてください。

A101

確かに、何かの機会に、「あり」が下接してできた動詞である、というような注記を見ることがありますが、全体でどれほどあるのか、どういう傾向があるのかなど、改めて認識する機会はないようにも思います。正直、整理したこともありませんでした。

ラ行変格活用動詞というと、「あり」「をり」「はべり」ですが、その「をり」も「はべり」も、「あり」が下接して誕生した動詞です。「ゐる」の連用形「ゐ」に「あり」が付いて「をり」となり、「這ふ《は》」の連用形「這ひ」に「あり」が付いて「はべり」となりました。「はべり」は、〈這うようにしている〉わけですから、謙譲語として誕生、中古には丁寧語化していきます。

次は、尊敬動詞「います」の連体形に格助詞「が」が付き、それに「あり」が下接したと思われている「いますがり」が挙げられます。「います」には、サ行四段にもサ行変格にも活用しますが、その四段のほうでなければ、その成立を考えることができません。そういうこともあって、別説もあります。中古の男性の用語と見られますが、漢文訓読文には現れません。同意と見てよい「いまそがり」「みまそがり」は、その「いますがり」が転じたものと見てよいでしょう。

そして、中世に移ります。尊敬の意をもつ二字漢語・接頭語「御《ご》」を冠した漢語・接頭語「お」を冠した動詞連用形に「あり」が付いて、尊敬表現を構築する表現形式が現れました。その時代の尊敬表現は、すべて、「あり」の力を借りていることになります。ただ、それぞれが一語化しているわけではありません。このお尋ねにお答えすることになるのは、そのうちの、一語化したものということになりましょう。そして、それは、接頭語「お」を表した動詞連用形に「あり」が付いた尊敬表現形式のものです。以下の二単語です。

その一語は、「おりゃる」です。原形は、「お入りあり」ですが、実際は「お入りある」といったほうがいいでしょう。抄物《しょうもの》の『史記抄』に、「天子はどこへを《ママ》いりあった事はないほどに還と云字は天子にはつかぬぞ。」（八・孝文本紀）とありました。そして、一方では、謡曲の『烏帽子折』には、「いやいや、三人して見て来いと仰せつけられた。おりゃれ。」とありました。いま一語は、「おぢゃる」です。その原形は、「お出《い》である」です。実際に残る用例は、「お出《で》ある」です。これも、抄物の古活字本『毛詩抄』に、「そなたへを《ママ》出あれと云て引だいて朝についたは、つみ木にしくやうなぞ。」とありました。そして、同じ抄物の『玉塵抄』には、「関王のこれえ《ママ》おぢゃったと云たぞ。」とありました。

成立の事情がちょっと複雑なものに、「御座ある」という連語から「ござる」という動詞になるものがあります。「おはす」「おはします」を「御座」と漢字表記したものを音読して、それに「あり」が付いたものか「御座あり」、そして「御座ある」です。「御座ある」は、古く『平家物語』などにも見られました。それが、虎明本《とらあきらぼん》狂言には、「おそうしゃはどこもとに御ざるぞ。」（餅酒）となって現れます。

もう一語挙げておきましょう。現代語としても用いている「おっしゃる」です。「仰せらる」語源が有力ですが、「仰せあり」も関係はしていたでしょう。以上、「あり」「ある」から生まれた動詞について申し上げました。

Q102

兼平《かねひら》が「敵勢は六千騎。」と答えますと、義仲は「さてはよい敵ござんなれ。」（平家物語・木曾最期）と言って斬り込みます。その「ござんなれ」とは、どんな意味でしょうか。「ござんなれ」ではないのですね。

A102

『平家物語』（巻九）で、義仲と乳母子《めのとご》の今井兼平とが一緒に死ぬところです。よい敵〈であるようだ〉、と言っているところです。よい敵〈であるよ〉ぐらいに訳してあるものも多く、どういう意味かというお尋ねも、わかります。でも、近年は、古語辞典も立項している連語です。もう、ないでしょうが、近世には「ござんなれ」と誤解する人も多くいました。

『大鏡』に、敦明《あつあきら》親王の東宮退位のご意向を知って、源民部卿（俊賢《としかた》）が「いみじくかしこきことにこそあなれ。」（師尹《もろまさ》）と言うところがあります。たいそう恐れ多い重大事〈であるようだよ〉、ということです。「に」は断定の助動詞「なり」の連用形、そこに係助詞「こそ」が介在し、断定「なり」の後半といってよい補助動詞「あり」の連体形「ある」の「る」の撥音便《はつおんびん》化無表記の「あ」、そして、推定の助動詞「なり」の已然形で結びとなっている表現です。このような「にこそあなれ」の変化したものが、お尋ねの「ござんなれ」です。

まず、「にこそ」が転じて、「ごそ」となったでしょう、ただ、次が「あん」ですから、「ごさん」になります。「なれ」は、そのままです。それが「ごさんなれ」です。ところが、室町時代には、〈まったく、そのとおりだ〉の意の「ござんなれ」もあったようなのです。実は、その「ごさんなれ」は、別の「こそあるなれ」が転じた「こさんなれ」であって、それに巻き込まれてしまったからだったようなのです。さらに、近世以降、「御座《ござ》るなれ」の撥音便とも誤解されて、そこで、「ござんなれ」の形で、〈…

でございます〉の意味で用いられてもいました。「御座る」は、まったく違う語です。さらにまた、その「ござんなれ」は、その「なれ」が命令形と誤解され、〈さあ、来い〉の意ともなっていました。誤解に誤解を重ねた表現だったのです。

『平家物語』の、その時代、「ごさんなれ」とほぼ同じような意味を表す「ごさんめれ」もありました。もともと、聴覚による推定を表す「なり」と視覚による推定を表す「めり」ですので、その「めれ」も已然形ですから、ほぼ同じ意味を表すこと、当然です。同じ『平家物語』に、「あッぱれ、是《これ》は斎藤別当であるごさんめれ。」（7実盛《さねもり》）とありました。七十余歳の実盛は髪を染めて、義仲追討軍として戦いましたが、討ち死に、その首実検の前の義仲の呟《つぶや》きです。特に、この場合は、新しい断定の「である」に付いていますので、「ごさんめれ」の「ごさん」の原形「にこそあん」の断定「に」と断定の意が重なります。これは、斎藤別当であるの〈であるようだよ〉、ということになりましょう。

この「ごさんめれ」も、その前の時代には、「にこそあるめれ」でした。これも、『大鏡』に、「よき人と申すものは、いみじかし名の惜しければ、えともかくもし給はぬにこそあめれ。」（道隆）とありました。藤原伊周《これちか》の長男道雅の生涯を語っての、その評言です。身分ある人と申すものは、過去のすばらしい名誉が惜しいものですから、あれこれと思い切った行動をなさらないの〈であるようだよ〉、というところです。「いみじかし」は、「いみじかりし」の促音便化無表記でした。

「ごさんなれ」「ごさんめれ」は、『平家物語』に限られる、といってもいいでしょう。その『平家物語』のなかにも、推定の意を失った「ごさんなれ」もありました。最も早い誤解用例といえましょう。

Q103

埴谷雄高《はにやゆたか》『死霊』に「…《ある》という忌まわしい繫辞《けいじ》を抱きしめて、…、身動きもせず蹲《うずくま》っている。」とありました。ところで、日本語としての繫辞は、「ある」でよいのでしょうか。「である」でしょうか。それとも、「だ」でしょうか。

A103

その「このひっそりと怖ろしいばかりに静まりかえった、身動きもせぬ世界、毛筋ほども身動きすれば自身の形が崩れてしまう世界は、《ある》という忌まわしい繫辞を抱きしめて、歯を噛《か》みしめたまま、身動きもせず蹲っている。」は、『死霊』第二章《死の理論》において、《俺は――》と呟《つぶや》きはじめ、《――俺である》と呟きつづけて、「一種論理的な感覚」を感じとった三輪与志の心内を述べたところです。繫辞を「ある」といってしまっているのは、seinを、そう訳してしまったのでしょうか。

繫辞は、ラテン語のコピュラ（copula）の訳語として採用された術語で、明治になってからでしょうが、誰がそれを採用したのでしょうか。速水滉『論理学』（一九一六年）のなかに、その用例を見るようですが、もうちょっと早くにではなかったのでしょうか。言語学での採用は、それを受けてなのでしょうか。判断を言語で表したとき、それを命題といいます。その命題は、主辞と賓辞《ひんじ》とから成ります。そこで、命題の主辞と賓辞、それは主語と述語といってもよく、その主語と述語との両者の関係を言い表す語を、繫辞と呼んでいます。現代語では、「である」や「だ」が相当することになります。

もう、お尋ねには、お答えしてしまいました。「吾輩は猫である。」がよく引かれますが、「吾輩は猫だ。」でもいいわけです。英語だとbe、ドイツ語だとsein、ということになるでしょう。そこで、それらbeやseinには、「ある」意もありますので、「である」として受けとめていても、日本語としては「で」

と「ある」とから成りますので、つい、「ある」として受けとめられてしまうこともあるのでしょう。多くの国語辞典が、「である」の立項を躊躇していました。立項しても、二行か三行でした。『日本国語大辞典 第二版』（一九七二年）が、その「である」を立項して、用例を引いたことを知って、話題になったことが思い出されます。「だ」は、一語の助動詞ですから、早くから立項されていました。

その「だ」と「である」とは、登場に、交替劇があるのです。「である」が中世末に登場します。「なり」が接続助詞「て」を介して「にてあり」となり、連体形の終止形化によって、「にてある」となり、「に」の撥音化によって、表記されない、「［ン］である」を経て「である」となりました。漢籍の講義物や国学者の口語訳に見られます。それが、「であ」を経て「ぢゃ」となって、一単語「だ」になりました。その「だ」が、連用形「で」に補助動詞「ある」を伴った「である」となって広く普及するのは、明治の言文一致運動を経て国定教科書での採用によってでした。次いで、形容動詞「静かだ」が「静かである」となるに及んで、打消の「…でない」もいっそう広まり、新しい「である」の定着を見ることとなります。

さて、「繫辞」ですが、中国古代の『易経《えききょう》』の一部に、孔子の作とされる易の哲学的解説「繫辞伝」があります。「繫辞」そのものは、文王の作で、「卦辞《かじ》」ともいい、卦《け》という吉凶を占う判断資料の解説書ということになるのでしょうか。陰爻《いんこう》（--）と陽爻（—）という算木を三つ重ねる、あの組み合わせの解説なのでしょうか。理解が曖昧《あいまい》なのですが、とにかく、言辞を繫《つな》いでの解説なので、そう呼んだのでしょう。コピュラの訳語に借りたのは、「繫」字に「つなぐ」という訓があったからでしょう。

Q104

丸山眞男《まさお》「「である」ことと「する」こと」という現代文の有名教材がありますが、その「である」は、どのような意味で用いられているのでしょうか。また、「する」に対立する概念を、「ある」でなく、どうして「である」にしているのでしょうか。

A104

本書に先立って刊行した『先生のための「する」という動詞のQ＆A103』でも、その「する」を取り上げました。そこにも引いた、その本文（講演）の要旨を、ここも引きましょう。

時効は、権利のうえに眠る者の保証はしない。自由や民主主義もまた、不断の努力で保持しなければ約束されない。かつて徳川時代は、身分的な属性で価値判断される「である」論理の「である」社会であった。それに対して、他人どうしの関係の社会の時代に入ると、「する」論理で行動しなければならなくなった。ただ、日本の近代には、「である」価値と「する」価値の混乱が著しく、現代も、状況によって行動を使い分けなければならない。

その「である」論理は、〈武士は行住坐臥つねに武士であり、あらねばならない〉とし、「である」社会は、〈徳川時代の社会〉としています。「である」価値も、〈封建社会の君主は、君主であるからえらい〉としています。その「である」について、時効を例に、「債権者である」という位置に安住することを許さない姿勢が述べられます。さらに、債権を行使しない債権者は、時効として債権を失うことを当然としています。アームチェアに眠る者にも例えています。丸山は、それら各「である」に〈そのままでいい、ありつづける〉という意味を担わせています。〈属性をそのまま認めて、変えようとしない〉ともいっています。そのように見てくると、「する」ことに対立する概念なのだから、「である」でなく、「ある」でいいだろう、とも思えてきます。

丸山は、併せて、「ハムレット時代の人間にとって、〝to be or not to be〟が最大の関心事であったとするならば、近代社会の人間はむしろ〝to do or not to do〟という問いがますます大きな関心事になってきた」ともいっています。そのbeをそのまま受けとめていたら、「ある」になっていたろうと思えてきます。そのbeには、連結動詞の「である」の用法もあります。既に、「自分は債権者であるという位置に安住していると、……。」と語り出してしまっています。その「である」を採用してしまったのでしょうか。繫辞としての「である」を強く意識していたかどうか、わかりません。

新書版『日本の思想』の、その前書きに、三行一文で、「なにか英文法の試験のような題をつけまして恐縮ですが、最初にどういう意味かを一般的に申しますかわりに、いろいろ具体的な例を挙げながら、だんだん本日のテーマをはっきりさせていく、という仕方でお話ししてみたいと思います。」とあります。これは、beの取り扱いをどうするか、悩んでのことのようにも思えてきます。beには、〈残存する〉〈接続する〉意の完全自動詞もあります。『オックスフォード現代英英辞典』に「ある場所に居続ける」〈to remain in a place〉ともありました。〈「である」とするか「ある」とするか、迷っておりまして。〉という前書きのようにも思えてきました。

命題として、「余は大名である。」とか「拙者は武士である。」とかいってはいません。でも、「自分は債権者であるという位置に安住していると、…。」とあったところからは、深層に連結動詞「である」があったでしょう。その一方で、beはdoに対していて、時には、〈持続する〉意の完全自動詞性もありました。丸山の「である」のなかには、そういう「ある」も含めているように見えてもきました。いかがでしょうか。

あとがき

小著は、右文書院創業百周年記念出版にご協力させていただくということで執筆していた『先生のための「する」という動詞のQ＆A103』の、その執筆の過程で、この分なら、例えば「ある」についてなどでも、そのくらいの話の種はあるでしょうということを、申し上げるとも、ご下命があったとも、どちらでもないようなところからの出発でした。とりわけて暑い夏でした。「する」は一日に1Q・Aでしたが、「ある」は、少し涼しくなってからは、日に3Q・Aぐらいとなっていました。「する」と並行した時期もありました。

その昔、「「あり」といふ言葉について」という、西尾光雄論文を読んだ日がありました。昭和十八年という第二次大戦中に、橋本進吉という学者の華甲の寿を祝っての『国語学論集』に載っていたのですが、術語を用いることなく、「あり」は、どうしてこんな不思議な用法を見せてくれるのか、そう思わせてくれる用例が、みごとに、章も節も設けない文章展開のなかに組み込まれていました。そこに引かれる佐伯梅友とか橋純一とかいう方のご論考は、それ以前に読んでいましたが、その「「あり」といふ言葉について」で、全体が少し見えたように思いました。

春日和男『存在詞に関する研究』も、その大方は、「あり」についての考察でした。堅実な調査に基づいての報告から、改めて気づかせていただいたこともありました。哲学をということではなく、漠然と、ハイデガーの『存在と時間』やサルトルの『存在と無』を覗《のぞ》いたこともありました。

「する」という動詞は、積極的に、その動きが見えるように働く動詞です。「ある」は、いつそうなったのか気づかないうちに、多くの活用語のなかに潜むように住みついています。そして、時に、「ある」と「する」とは入れ換わって用いられてもいます。山田孝雄《よしお》という学者の『日本文法論』にいう、「あり」と「す」との交渉です。

「ある」「あり」について、改めて振り返ってみますと、有名古典教材のなかの忘れられない用例が次々と浮かんできました。いずれも、高等学校教材のなかの、いうなら、必出の表現です。場面も、そして、訳まで覚えているような用例です。でも、どうしてそう訳すかなどとなると、見えてこないものが多いと思います。そして、それらの多くが、実は現代語に関わるものでもあったのです。

どの一つのQについても、こういうことが知りたかったと思っていただけたら幸いです。正直なところ、Qが決まったら、Aは忽《たちま》ちのうちに書き終えていました。ところが、Qには悩まされて、何度か視点を変えて問い直してみたものもあります。感度不良な筆者は、時に、実際、誤った疑問を抱いてしまったこともありました。問いのなかには、そういう誤解を含めた質問も必要と思って、さりげなく、そういう問いかけにも努めてみました。

九月十五日の朝日の夕刊は、「本売れぬなら…」が一面のトップ見出しとなっていました。続いて、「書店に立つ出版社員PR」「読者と作る販売戦略」「AIと競り売り文句」ともありました。そういう時代、創業百周年を迎える社長は、どんな思いで日々の仕事にお取り組みかと、お察しすることしかできません。何もできないわが身に苛立《いらだ》ちながら、気づいたら、その日も、右文書院創業百周年記念出版の第二作めの作業で、十二時間労働の一日でした。今回の「する」も「ある」も、ある意味では、質の高い日本語研究の問題点を網羅したものと自負しております。それらを中学生からでも抵抗感なく受けとめてもらえるよう組み立てました。広く一般読者の方々に目を止めていただきたいと思いましたが、慎重な社長は、「先生のための」を頭に冠しました。一冊でも、まず教育現場というお気持ち、従わせていただきました。何とぞ、全国の中学校・高等学校の国語科教員室で話題にしていただきたいと思います。

　右文書院の先代・三武達《すすむ》社長時代に、ご縁をいただきました。達社長・義彦専務は、公立高校の教育現場で、国語科教材の発掘や教材化について、皮相的な時代の流行に左右されない姿勢ある教諭を、それとなく集めていました。いまは亡き中野博之先生・加藤是子先生・会田貞夫先生、そして、引き続いてご活躍の神島達郎先生です。古文・漢文は、それまで読み逃がしていた、現代に通う視座からの単元構成を試みたり、かつてない意外な出典からの発掘を進めたりも重ねました。現代文は、評論・論説はもとより、小説や律文も、幅広く発掘に努める一方で、有名既教材に他社が見落としている学習の手引きを設けるなど、勉強させていただきました。穏やかなお人柄の方々で、しかし、激しいばかりの国語科への情熱ある方々でした。亡き達会長と亡き諸先生とを偲びながら、まさに、鎮魂の思いでの作業でした。

　「生徒のため、先生のため」という、そのとおりに役立つ手引き書を、しかも、廉価で供給してきた右文書院でしたが、現在は、どれほどに努力を重ねても、諸費高騰の折から、思うに任せない状況のようです。このたび、創業百周年記念出版ということで、かつての教科書編集メンバーの生き残りとして、富山在住の神島達郎先生と私とがご協力申し上げることになりました。読者の皆さまには、この事情をお汲みとりくださいまして、旧に倍してのご贔屓のほど、よろしくよろしくお願い申し上げます。

平成三十一年一月三十一日

著者　中村幸弘

著者紹介

中村幸弘（なかむら　ゆきひろ）

昭和８(1933)年、千葉県生まれ。國學院大學文学科卒業後、昭和31(1956)年から15年間、千葉県立佐原第一高校・同県立大原高校・國學院高校に教諭として勤務。昭和46(1971)年、國學院大學専任講師・助教授・教授を経て、平成16(2004)年、定年退職。博士(文学)・國學院大學名誉教授。続いて弘前学院大学教授の後、平成19(2007)年から國學院大學栃木短期大學教授(学長)。教育現場時代から辞書・教科書等の編集に協力し、『ベネッセ表現読解国語辞典』『ベネッセ古語辞典』『ベネッセ全訳古語辞典』編者、『旺文社国語辞典』編集委員、右文書院・旺文社・文英堂高等学校教科書編者、学校図書中学校教科書編集委員など。

著書は、『補助用言に関する研究』（右文書院）『『倭姫命世記』研究——付訓と読解——』『和歌構文論考』（新典社)、国語科教師・一般読者向け著作として、『先生のための古典文法Ｑ＆Ａ100』『古典文の構造』『古典敬語詳説』『現代人のための祝詞』『『直毘霊』を読む』『『古語拾遺』を読む』『日本語どうしてＱ＆Ａ100』『学校で教えてきている現代日本語の文法』『現代文で解く源氏物語』『ものぐさ故事名言』『読んで楽しい日本の唱歌Ⅰ・Ⅱ』『読んで楽しい日本の童謡』『日本国憲法の日本語文法』『続・先生のための古典文法Q&A101』『先生のための“する”という動詞のQ&A103』『先生のための“ある”という動詞のQ&A104』（以上、右文書院)、『読みもの日本語辞典』『難読語の由来』（以上、角川文庫)。『古典語の構文』（おうふう)、『日本古典　文・和歌・文章の構造』『漢文文型　訓読の語法』（以上、新典社）など。

“ある”という動詞のＱ＆Ａ104

平成三十一年二月二十五日　印刷
平成三十一年三月十五日　発行

著者　中村幸弘
発行者　三武義彦
印刷・製本　㈱文化印刷

〒101-0062　東京都千代田区神田駿河台一―五―六
発行所　株式会社　右《ゆう》文《ぶん》書《しょ》院《いん》
振替　〇〇一二〇-六-一〇九八三八
電話　〇三（三二九二）〇四六〇
ＦＡＸ　〇三（三二九二）〇四二四

＊印刷・製本には万全の意を用いておりますが、万一、落丁や乱丁などの不良本が出来いたしました場合には、送料弊社負担にて責任をもってお取り替えいたします。

ISBN978-4-8421-0800-1 C1081